지홍 쌤의 사회 교실

민주주의 수업

지홍 쌤의 사회 교실

민주주의 수업

초판 인쇄 2025년 09월 20일
초판 발행 2025년 09월 25일

글쓴이 승지홍
그린이 송진욱
펴낸이 이재현
펴낸곳 리틀씨앤톡
출판등록 제 2022-000106호(2022년 9월 23일)

주소 경기도 파주시 문발로 405 제2출판단지 활자마을
전화 02-338-0092
팩스 02-338-0097
홈페이지 www.seentalk.co.kr
E-mail seentalk@naver.com
ISBN 979-11-94382-21-8 74300
979-11-94382-15-7 (세트)

지홍 쌤의 사회 교실

민주주의 수업

승지홍 글 | 송진욱 그림

리틀씨앤톡

'지홍 쌤의 사회 교실'에 초대합니다

여러분, 안녕하세요!

먼저 제 소개를 할게요. 저는 지금부터 '지홍 쌤의 사회 교실'을 통해 여러 가지 주제로 사회 수업을 진행할 승지홍입니다.

저는 고등학교에서 사회를 가르치는 선생님인데요, "고등학교 선생님이 왜 이런 책을 썼을까?" 궁금한 친구들이 있을 거예요.

제가 가르치는 학생들도 예전엔 지금의 여러분처럼 사회가 낯설고 어렵게 느껴지던 시절이 있었답니다. 그런데 학생들과 함께 공부하다 보니, 사회 교과에 조금이라도 일찍 관심을 가진 친구들과 그렇지 않은 친구들 사이에 꽤 큰 차이가 보였어요.

그래서 생각했어요. 조금 더 이른 시기에, 부담 없이 읽을 수

있는 사회 책이 있다면 어떨까? 사회는 어렵고 딱딱한 공부가 아니라, 지금 우리가 살아가는 세상을 이해하고 바꿔 가는 데 꼭 필요한 힘이니까요.

사회 공부가 한결 쉬워지려면, 지금부터 사회와 조금씩 친해지는 게 큰 도움이 돼요. 멋진 집을 지으려면 기초 공사를 튼튼히 해야 하듯이요. 튼튼하게 지은 집은 오랜 시간이 흘러도 무너지지 않잖아요.

사회라는 세상을 제대로 이해해 보고 싶은 친구들은 지금부터 선생님을 따라와 보면 어떨까요? 저는 벌써부터 무척 설레는데, 여러분은 어떠세요?

자, 그럼 신나는 '지홍 쌤의 사회 교실'을 함께 시작해 봅시다!

차례

제1장 반갑다! 민주주의

제2장 민주주의를 만드는 제도

제3장 민주주의를 지키는 시민의식

제4장 내가 만드는 민주주의 사회

우리가 민주주의를 공부해야 하는 이유는?

여러분, 안녕하세요!

'지홍 쌤의 사회 교실' 민주주의 수업을 찾아와 주었군요! 만나게 되어 정말 반가워요! 우리가 살아가는 세상에서 '민주주의'라는 말은 뉴스에서도, 학교에서도, 심지어 집에서도 자주 들을 수 있습니다. 그런데 민주주의가 정확히 무엇이고, 왜 중요한지 깊이 생각해 본 적이 있나요?

민주주의는 단순히 선거를 통해 지도자를 뽑는 것만을 의미하지 않습니다. 민주주의는 우리가 자유롭게 생각하고, 공정하게 대우받으며, 서로의 의견을 존중하는 세상을 만들기 위한 가장 중요한 원칙이에요.

민주주의는 역사 속에만 있는 것이 아니라 우리가 살아가는 일상에서도 찾아볼 수 있답니다. 학급회의에서 자신의 의견을 표현하는 것, 친구와 갈등이 생겼을 때 대화로 해결하는 것, 반장 선거에서 누구를 뽑을지 고민하는 것 모두 민주주의의 일부예요. 우리 동네의 문제를 해결하기 위해 함께 이야기하고, 공정하게 차례를 지키는 것 역시 민주주의를 실천하는 방법이죠.

이 책을 읽으면서 민주주의가 얼마나 우리 삶과 밀접하게 연결되어 있는지 깨닫고, 민주 시민으로서 무엇을 해야 할지 생각해 보면 좋겠어요. 민주주의는 그냥 주어지는 것이 아니라, 우리가 함께 만들어가는 것이니까요. 이제 함께 민주주의의 세계로 떠나 볼까요?

여러분과 함께 세상을 배워 나가는 승지홍 

제1장

반갑다!
민주주의

오늘의 주제, 민주주의

민주주의란 무엇일까요?

민주주의란 뭘까요? 우리 일상에서 자주 듣는 익숙한 말이지만, 막상 그 뜻을 설명하려고 하면 쉽지 않아요. 우리는 공기가 있어서 숨을 쉬고 살지만, '공기란 무엇일까?'라고 그 개념에 대해 물으면 바로 답하기 어려운 것처럼요. 민주주의 사회에서 살고 있는 우리는 너무나 당연스럽게 주어진 이 민주주의가 무엇인지 잘 알지 못한 채 살아가고 있는지도 모릅니다.

민주주의에 대해 한층 더 정확하고 깊이 있게 이해하기 위해 '민주주의'라는 단어가 어떤 뜻을 담고 있는지 살펴보기로 해요.

'민주주의(民主主義)'라는 단어를 보면 '민(民)'은 국민을, '주(主)'는 주인을 뜻해요. 그러니까 민주주의는 '국민이 주인이 되는 제도'라는 뜻이에요.

민주주의를 영어로는 'democracy'라고 해요. 이 단어의 어원을 살펴보면, 그리스어의 'demos(민중)'와 'kratia(지배)'가 합쳐진 'demokratia'에서 유래했어요. 결국 '국민이 권력을 가지고 나라를 다스리는 제도'라는 의미를 담고 있어요.

민주주의 하면 떠오르는 유명한 말이 있어요. 바로 미국 대통령이었던 에이브러햄 링컨의 연설이에요. 미국에서는 과거에 흑인을 노예로 삼는 제도가 있었는데, 이를 반대하는 북부와 찬성하는 남부 사이에서 큰 전쟁이 벌어졌어요. 그때 링컨 대통령은 게티즈버그에서 연설을 하며 이런 말을 했어요.

"국민의, 국민에 의한, 국민을 위한 정부는 결코 이 세상에서 사라지지 않을 것입니다."

이 말을 쉽게 풀어 보면, '국민의 정치'는 나라의 주인이 국민이라는 뜻이에요. '국민에 의한 정치'는 국민이 직접 정치에 참여한다는 의미이고, '국민을 위한 정치'는 정치를 하는 목적이 국민의 행복이라는 뜻이에요. 이 말은 민주주의의 가장 중요한 핵심을 잘 나타내고 있어요.

우리나라도 민주주의를 바탕으로 운영되지요. 대한민국 헌법 제1조 제1항에는 "대한민국은 민주공화국이다."라고 쓰여 있어요. 가장 중요한 법, 헌법에서 우리나라가 민주주의 원칙을 따르는 나라라는 점을 드러낸 거예요.

오늘날 많은 나라들이 민주주의 제도를 받아들이고, 국민을 지키고 보살피기 위해 다양한 정책을 시행하고 있어요.

민주주의, 정치 제도를 넘어 생활 속으로!

민주주의는 단지 제도만을 의미하는 것은 아니에요. 민주주의는 단순히 독재와 반대되는 정치 제도를 뜻하는 것이 아니라, 국민 한 사람 한 사람이 주인으로서 나라를 이끌어가는 소중한 원칙이지요.

민주주의는 나라를 운영하는 방식인 정치 형태, 사람들이 살아가는 태도인 생활 양식, 그리고 중요하게 여기는 가치인 이념에 따라 여러 의미로 나뉘어요.

우선, 정치 형태로서의 민주주의를 살펴보죠. 민주주의는 국민이 나라의 주인이라는 원칙에 따라 정치가 운영되는 방식이에요. 우리나라처럼 국민이 대표를 선출해 나라를 이끌어가게 하는 것도 민주주의의 한 형태예요. 국민의 의견이 정치에 반영되기 위해서는 공정한 선거와 정치 참여가 보장되어야 해요.

그렇다면 생활 양식으로서의 민주주의란 뭘까요? 민주주의는 정치에서만 중요한 것이 아니에요. 생활 속에서도 민주적인 태도가 필요해요. 학교에서 반장을 뽑을 때 친구들의 의견을 존중하며 공정하게 선거를 진행하는 것, 가족이 저녁 메뉴를 정할 때 함께 대화하고 결정하는 것도 민주적인 태도예요. 반대로, 한 사람이 자기 뜻만 내세우고 다른 의견을 무시한다면 민주주의와 거리가 멀겠죠.

그럼 민주주의는 어떤 가치를 지향하고 있는지 볼까요? 민주주의는 '모든 사람은 평등하다', '자유와 인권은 그 어떤 가치보다 중요하다'라는 신념을 담고 있어요. 이런 것들이 바로 민주주의 이념이에요. 과거에는 왕이나 귀족만 특별한 권리를 가졌지만, 민주주의가 발전하면서 성별, 인종, 계층에 관계 없이 누구나 평등한 권리를 가져야 한다는 생각이 강해졌어요.

예를 들어, 여성도 투표할 수 있도록 변화한 것, 흑인과 백인이 같은 권리를 가져야 한다는 운동이 일어난 것도 민주주의 이념이 바탕이 된 거예요.

이처럼 민주주의는 단순한 제도가 아니라, 우리의 생활과 가치관 속에도 스며들어 있는 중요한 원칙이에요. 친구들과 의견이 다를 때 대화하고 타협하는 태도, 학교에서 공정한 의

사결정을 하는 과정도 민주주의의 실천이에요. 민주주의는 나랏일을 정하는 어른들의 세계에서뿐 아니라, 우리의 일상 속에서도 살아 숨 쉬는 가치랍니다.

민주주의의 시작

'국민'과 '시민'

여러분은 '시민'이라는 말을 들어 본 적이 있을 거예요. 보통 '민주 시민', '시민 운동' 같은 말로 쓰이곤 하죠.

여기서 '시민'과 '국민'은 얼핏 비슷해 보이지만 사실은 다른 의미를 가지고 있어요. 우리는 흔히 "나는 대한민국 국민이에요."라고 말하지만, 고대 그리스 사람들은 자신들을 '국민'이 아니라 '시민'이라고 부르기도 했어요. 두 단어는 무슨 차이가 있는 걸까요?

국민은 대한민국 국적을 가진 모든 사람을 뜻해요. 한편, 시민은 민주주의 사회에서 공공의 의사 결정 과정, 즉 '정치'에 주체적으로 참여하는 사람을 뜻해요. 다시 말해, 단순히 나라의 구성원이 되는 것뿐만 아니라, 나라의 중요한 일에 직접 의견을 내고 참여하는 사람이 시민이에요.

민주주의 사회에서 우리는 이 나라의 국민이자 시민이에요. 즉, 대한민국 국민에게 주어지는 기본적인 권리와 의무를 가지고 있으면서, 나라의 운영과 사회 문제에 관심을 가지고 적극적인 의견을 내는 시민의 역할도 할 수 있는 것이지요.

고대 그리스 사람들이 민주주의를 처음 시작했을 때, 모든 사람이 시민이 될 수 있었던 것은 아니었어요. 거주지가 아테네인 성인 남성 중 자유민에게만 시민의 자격이 주어졌지요. 그 뒤로도 계급제 사회가 이어지며 특권층만이 나랏일에 관여할 수 있었어요.

국가의 구성원 모두가 나라의 주인으로서 정치에 참여할 권리를 얻기까지 오랜 시간 동안 많은 사람들의 노력과 희생이 있었고, 오늘날에는 국민 모두가 시민이 될 수 있는 사회가 만들어졌어요.

우리나라도 조선시대까지는 국민(백성)의 대다수가 자기 뜻을 주장할 기회를 갖지 못했어요. 일제강점기가 끝난 뒤로도 민주주의가 정착하기까지 꽤 오랜 시간이 걸렸지요. 그러다

4.19 혁명, 6월 민주항쟁과 같은 중요한 사건을 거치면서 시민의 뜻으로 민주주의를 이루었어요.

이제부터 맨 처음 시민 사회가 어떻게 만들어졌는지, 그리

고 그 과정에서 민주주의가 어떻게 탄생했는지를 함께 알아보려 해요.

아테네에서 시작된 민주주의

민주주의 제도는 기원전 5세기경, 고대 그리스의 도시국가 아테네에서 시작되었어요. 아테네 시민들은 '아고라(agora)'라는 광장에 모여 나라의 중요한 일을 직접 토론하고, 대표를 뽑거나 법을 결정했어요. 그래서 아테네의 민주주의를 '직접 민주주의' 또는 '광장 민주주의'라고 해요.

아테네에서 이런 정치가 가능했던 이유는 몇 가지가 있어요. 우선, 아테네는 산이 많은 지역에 위치한 작은 도시국가였기 때문에 영토가 좁고 인구도 많지 않았어요. 그래서 시민들이 한자리에 모여 직접 정치에 참여하기가 쉬웠죠. 또 대부분의 힘든 노동은 노예나 외국인이 맡았기 때문에, 아테네 시민들은 정치에 집중할 여유가 있었어요.

하지만 여기서 말하는 '시민'은 아테네 출신의 성인 남성만 해당됐어요. 여성, 노예, 외국인은 시민으로 인정받지 못해 정치에 참여할 수 없었어요. 전체 인구 25만 명 중 실제 투표권을 가진 사람은 약 10분의 1에 불과했답니다.

아테네에서는 '민회'라는 모임에서 시민들이 직접 모여 나라의 중요한 일을 결정했어요. 법을 만들거나, 세금을 정하고, 전쟁을 할지 말지 같은 문제를 함께 논의했어요. 하지만 모든 시민이 한자리에 모여 결정하기가 점점 어려워지자, '500인 평의회'가 생겨났어요. 평의회는 민회에서 논의할 주제를 미리 정리하고 회의를 준비하는 일을 맡았어요. 오늘날의 행정부와 비슷한 역할을 했던 셈이죠.

또한, 공직자를 뽑을 때는 제비뽑기인 '추첨제'나 여러 사람이 돌아가며 맡는 '윤번제'를 사용했어요. 특정한 사람이 계속 권력을 가지지 않도록 하기 위해서였어요. 그리고 시민들이 배심원이 되어 직접 재판에 참여하는 '재판소'도 있었어요.

이처럼 아테네에서는 민회, 평의회, 재판소를 통해 시민들이 직접 정치에 참여하는 '직접 민주주의'가 이루어졌어요.

하지만 시민 모두가 정치에 참여한다고 해서 항상 좋은 결과만 있었던 것은 아니었어요. 간혹 독재를 꿈꾼다든지, 민주주의를 위협하는 세력이 나타나기도 했어요. 그래서 아테네에서는 '도편추방제'라는 제도를 만들었어요. 위험하다고 여겨지는 사람의 이름을 도자기 조각에 적어 투표하고, 표를 많이

받은 사람은 10년 동안 도시에서 쫓아내기로 한 것이지요. 하지만 이 제도가 항상 공정하게 사용된 것은 아니었어요. 어떤 사람들은 정치적 라이벌을 제거하는 수단으로 이를 악용했고, 결국 '다수의 횡포'가 나타나기도 했어요. 감정적인 분위기에 휩쓸려 중요한 인물이 쫓겨나는 일이 벌어진 거예요. 이렇게 대중이 이성보다 감정에 의해 정치에 휘둘리는 현상을 '중우정치(衆愚政治)'라고 해요.

아테네 민주주의의 가장 큰 특징은 시민이 직접 참여해 나라의 중요한 일을 결정하는 직접 민주주의가 이루어졌다는 점이에요. 하지만 시민의 자격이 제한되어 있었기 때문에, 모든 사람을 위한 민주주의는 아니었어요. 그래서 아테네 민주주의를 '제한된 직접 민주주의'라고 부르기도 해요.

비록 완전한 제도는 아니었지만, 아테네 사람들은 자신들의 정치 제도에 큰 자부심을 지니고 있었어요. 이러한 아테네의 시민 사회는 오늘날 민주주의 사회와 닮은 점이 많았답니다.

최고의 가치, 자유와 평등

빵 한 조각에서 시작된 자유, 프랑스 혁명과 민주주의

선생님이 어렸을 때 감명 깊게 읽었던 책이 있어요. 그 책의 주인공은 장발장이었어요.

소설 『레 미제라블』에서 장발장은 굶주린 여동생을 위해 빵 한 조각을 훔쳤다가 감옥에 갇히게 돼요. 그는 오랫동안 자유를 빼앗기고 힘든 삶을 살지만, 스스로 삶을 바꾸려 노력하며 자유를 되찾아 가요. 이 이야기는 자유가 얼마나 소중한지, 그리고 그것을 얻기 위해 어떤 희생이 따르는지를 잘 보여줘요.

장발장이 살았던 시대에 벌어진 프랑스 혁명은 시민들이 자유와 평등을 외치며 일으킨 큰 변화였어요. 당시 왕과 귀족들은 모든 권력을 차지하고 있었고, 평범한 시민들은 아무런 권리도 없이 힘들게 살아야 했죠. 결국 시민들은 "이대로는 안

되겠다!"라고 외치며 일어섰고, 오랜 투쟁 끝에 왕정이 무너졌어요. 사람들은 더 이상 누군가의 명령이 아닌, 자신의 선택으로 살아가는 세상을 만들기 시작했어요.

이렇게 자유는 그냥 얻어진 것이 아니라, 많은 사람들의 노

력과 희생으로 쟁취한 권리예요.

자유란, 다른 사람에게 억눌리지 않고, 자신의 생각과 의지로 행동할 수 있는 권리이지요. 바로 이 자유를 지키고 키워나가려는 마음이 유럽의 시민혁명을 이끌었고, 그 결과 자유는 가장 중요한 기본 인권의 하나로 자리 잡게 되었답니다.

진정한 자유란 무엇일까요?

'자유'라고 하면 보통 마음대로 행동할 수 있는 권리를 떠올리게 돼요. 그런데 좀 더 넓게 보면, 자유는 크게 두 가지로 나눌 수 있어요.

첫째는 '국가로부터의 자유'예요. 이는 국가나 다른 사람의 간섭 없이 방해받지 않고 살 수 있는 자유를 말해요. 예를 들어, 내가 어떤 책을 읽고 싶은데 누군가 그 책을 읽는 걸 금지한다면 어떨까요? 더욱이 국가가 어떤 책을 읽지 못하도록 법으로 정해 놓는다면, 개인의 자유는 심각하게 침해당할 거예요.

둘째는 '국가에 의한 자유'예요. 이는 내가 원하는 삶을 자유롭게 살 수 있도록 국가가 도와주는 걸 뜻해요. 예를 들어, 공부를 하고 싶어도 돈이 없어서 못 하는 사람이 있다면, '공부할 수 있는 자유'가 제대로 지켜질 수 없을 거예요. 이런 사람들을 위해 나라에서 누구나 무상으로 교육받을 수 있도록 학교를 세워 준다면, 이는 '국가에 의한 자유'를 얻은 것이라 할 수 있을 거예요.

예전에는 주로 국가로부터의 자유, 즉 나라가 나를 괴롭히지 않게 하는 자유가 중요했어요. 그래서 헌법과 법률로 사람들의 권리를 지켜 주려 했죠. 하지만 시간이 지나며 그것만으로는 부족하다는 생각이 싹텄어요. 모두가 정치에 참여하고, 함께 더 나은 사회를 만들 수 있도록 국가가 적극적으로 도와주어야 한다는 걸 알게 된 거예요. 그 계기가 된 사건 중 하나가 1929년에 시작된 '대공황'이에요. 전 세계가 큰 경제 위기를 겪으면서 수많은 사람들이 일자리를 잃고, 먹을 것조차 구하기 어려워졌어요. 이때 사람들은 이렇게 생각했어요.

'국가의 간섭을 받지 않는다고 다 진정한 자유를 누릴 수 있는 건 아닐지도 몰라.'

그래서 국가는 교육, 복지, 일자리 등 여러 분야에서 사람들을 돕기 시작했어요. 이처럼 자유는 시대에 따라 그 의미가 발전해 왔어요. 처음에는 '국가의 간섭에서 벗어나는 자유'를 얻으려 노력했지만, 시간이 흐르며 '모두가 자유를 누릴 수 있도록 보장받는 것'이 진정한 자유라는 생각이 자리잡게 된 거예요.

지금은 두 가지 자유가 모두 중요해요. 앞으로 민주주의가 성숙해 감에 따라 자유의 의미도 더 확장될 수 있겠지요. 특히 국가가 보장해 주어야 할 자유의 범위가 어디까지인지는 중요한 토론 주제가 될 수 있을 거예요. 무엇이 진정한 자유인지, 각자 생각해 봅시다.

평등이란 똑같이 나눈다는 뜻일까요?

혹시 『로빈 후드』 이야기를 들어 본 적 있나요?

이야기의 주인공 로빈 후드는 가난한 사람을 돕기 위해 부자들의 재산을 빼앗아 나누어 주는 의적이에요. 당시 영국 사회는 왕과 귀족이 대부분의 땅과 재산을 가졌고, 평범한 사람들은 열심히 일해도 가난한 삶을 벗어나지 못했어요. 로빈 후드는 이런 불평등한 세상을 바꾸려 한 사람이었죠.

그런데 부자의 재산을 훔쳐다 가난한 사람들에게 나눠 준다고 해서 평등한 사회가 이뤄질 수 있었을까요? 여기서는 먼저 평등이란 무엇인지에 관해 생각해 보도록 해요.

평등이란 모든 사람이 같은 권리를 가지고, 공정하게 대우받는 것을 말해요. 민주주의 사회에서 평등은 꼭 필요한 가치지요. 그런데 평등도 기준을 어떻게 두느냐에 따라 조금씩 의미가 달라질 수 있어요.

먼저 '절대적 평등'은 모두를 똑같이 대우하는 것을 말해요.

예를 들어, 남자든 여자든 같은 일을 하면 같은 임금을 주는 것, 모든 학생에게 대학 입학 시험을 치를 자격을 부여하는 것, 선거에서 누구나 한 표씩 동등하게 행사할 수 있게 하는 거예요.

절대적 평등은 민주주의를 향해 가는 데 중요한 출발점이에요. 모두가 최소한의 기회를 보장받고, 동일한 출발선에 설 수 있도록 해 주거든요.

하지만 절대적 평등이 항상 공정한 결과를 가져오는 건 아니에요. 예를 들어, 학교에서 교복을 입어야 할 때, 모든 학생에게 똑같이 M 사이즈만 입도록 정한다면 어떨까요? 몸집이 작은 학생은 옷이 커서 불만일 테고 덩치가 큰 학생은 옷이 작아서 불편하겠죠. 또, 신입사원과 10년 차 직원이 똑같은 급여를 받는다면, 더 오랫동안 일한 사람은 억울할 수도 있어요.

이처럼 절대적 평등만 강조하다 보면, 어떤 때는 한계에 부딪히기도 해요. 저마다 가진 개성이나 상황을 고려하지 않은 채 획일화된 기준을 적용하게 되니까요.

진짜 평등은 '같은 기회'를 주는 거예요

그렇다면 우리가 정말 중요하게 생각해야 할 평등은 뭘까요? 바로 '상대적 평등'이에요. 상대적 평등은 사람마다 처한 조건이 다르다는 걸 인정하고, 이를 배려해서 공정한 기회를 주는 것을 말해요. 단순히 모두를 똑같이 대하는 것이 아니라, 현실적인 차이를 고려해 기회를 나누는 방식이지요.

예를 들어, 다리를 다친 친구와 건강한 친구가 같은 출발선에서 달리기를 한다면, 절대적 평등은 달성되겠지만, 어딘가 불공평해 보여요. 반면, 다친 친구에게 조금 앞에서 출발하거나, 보조 도구를 쓸 수 있게 해 준다면, 서로 공정하게 겨룰 수 있을 거예요.

앞서 말한 로빈 후드도, 어쩌면 이런 상대적 평등이 지켜지는 나라를 바랐던 건지 몰라요. 당시 영국 사회는 태어나면서부터 계급이 정해져 있어서, 잘사는 사람은 죽을 때까지 잘살고, 못사는 사람은 잘살게 될 기회를 단 한 번도 가지지 못하는 사회였으니까요.

성숙한 사회일수록 이처럼 상대적 평등을 더 중요하게 여기고 있어요. 경제적으로 어려운 학생에게 장학금을 주거나, 장애가 있는 사람을 위해 편의시설을 만드는 것 등이 모두 이에 해당해요.

민주주의에서 가장 중요한 가치는 바로 자유와 평등이에요. 이 둘은 서로 떼려야 뗄 수 없어요. 자유만 지나치게 강조하다 보면 평등한 사회를 만들 수 없고, 평등만 강조한다면 사람마다 지닌 개성과 다양성이 사라질 수 있어요. 자유와 평등이 서로를 보완하면서 균형을 맞추어 나가야 더 좋은 사회를 만들 수 있어요.

합리적인 의사 결정, 다수결의 원칙

다수결의 원칙이란 뭘까요?

점심시간, 학교 급식 줄에 친구들이 몰리면 가끔 다툼이 생기기도 해요. 이럴 때 학급회의를 열어 '급식 순서'를 정한다면 어떻게 될까요?

"번호 순서로 먹자!", "돌아가면서 앞줄에 서자!", "가위바위보로 정하자!" 등 다양한 의견이 나올 거예요.

모두가 만족할 방법을 찾기는 쉽지 않죠. 이처럼 우리는 일상에서 여러 사람과 의견을 나누고 결정해야 하는 순간을 자주 맞이해요.

그렇다면 민주주의 사회에서는 어떻게 의견을 모을까요?

어느 날 친구 12명이 모여 배달 음식을 먹기로 했어요. 치킨, 피자, 햄버거! 먹고 싶은 게 모두 달랐어요. 이럴 때 가장 좋은 건 모두가 만족하는 메뉴를 고르는 거예요.

하지만 의견이 너무 다르면 선택이 쉽지 않겠죠? 그래서 우리는 보통 '다수결의 원칙'을 사용해요. 다수결이란, 의견이 다를 때 가장 많은 사람이 찬성하는 쪽으로 결정하는 방법이에요. 민주주의 사회에서는 공정하게 의사결정을 하기 위해 이 원칙을 자주 사용해요.

다수결에도 여러 가지 방식이 있어요.

먼저, '단순다수결'은 가장 많은 표를 받은 의견을 따르는 방법이에요. 예를 들어, 12명이 투표했는데 치킨 5표, 피자 4표, 햄버거 3표라면? 가장 많은 표를 받은 치킨이 선택돼요.

다음은 '절대다수결'이에요. 과반수가 찬성해야 결정되는 방식이지요. 치킨이 7표를 받았다면 과반수가 되었으니 OK! 하지만 어떤 음식도 과반수를 넘지 못했다면, 다시 투표하거나 다른 방법을 찾아야 해요.

다수결의 원칙에 따른 결정은 언제나 올바를까요?

민주주의 사회에서 다수결의 원칙은 가장 자주 사용돼요. 더 많은 사람이 원하는 것을 선택하는 것이 가장 좋은 방법처럼 보이기 때문이죠. 하지만 다수결에 따른 결정이 언제나 올바른 것일지는 한번쯤 생각해 봐야 해요.

예를 들어, 반에서 새로운 규칙을 정할 때 51%의 친구들이 찬성하고 49%는 반대했어요. 이렇게 규칙이 정해진다면, 반 친구들 절반 가까이는 마음에 들지 않지만 따라야 해요. 이럴 때 불만이 생겨날 수 있죠.

그래서 다수결의 원칙에 의해 결과가 정해졌다 하더라도, 그 의견에 반대한 친구들의 생각에도 귀를 기울여 봐야 해요. 가장 좋은 방법은, 새로운 규칙에 왜 반대했는지 그 이유를 들어 보고 함께 보완점을 찾아가 보는 것이에요.

민주주의는 다수든 소수든 구성원 모두가 가장 행복한 길을

찾는 과정에서 빛을 발하기 때문이에요.

다수의 결정에 따르면서도 소수의 의견을 다시 한 번 살펴봐야 할 이유는 또 있어요.

다수의 의견이 언제나 맞는 답을 내는 건 아니기 때문이에요. 특히 진리나 과학적 사실, 인간의 기본적인 권리 같은 것들은 투표로 결정할 수 있는 일이 아니에요.

역사에도 그런 예가 있어요. 이탈리아의 과학자 갈릴레오 갈릴레이는 지구가 태양 주위를 돈다는 지동설을 주장했어요. 하지만 당시에는 많은 사람이 태양이 지구를 돈다고 믿었죠. 결국 갈릴레오는 재판에 넘겨지고 큰 고통을 겪었어요.

이처럼 많은 사람들이 믿는다고 항상 옳은 건 아니기에, 우리는 다수의 의견에도 비판적인 시각을 가져 봐야 해요.

다수결에도 지켜야 할 것이 있어요

그렇다면 다수결에 따라 결정을 내리면서도 소수의 의견을 최대한 반영하려면 어떤 과정이 필요할까요?

충분한 토론과 대화가 필요해요. 예를 들어, 우리 반 교실에 화분을 놓을지 말지를 정해야 한다고 해 볼게요. 어떤 친구들은 "공기가 좋아지고 분위기가 환해져서 좋을 것 같아!" 하며 찬성하고, 어떤 친구들은 "꽃가루 알레르기가 있어서 걱정돼요." 하며 반대할 수도 있어요. 실제로 라벤더나 국화 같은 꽃은 알레르기를 유발할 수 있어요. 이럴 때 다수결로 화분을 놓기로 결정했다고 해도, 반대한 친구들의 걱정을 그냥 넘어가면 안 되겠죠?

이런 경우 모두가 만족할 수 있는 방법을 함께 고민해 보는 것이 중요해요. 예를 들어, 꽃가루가 거의 없는 공기 정화 식물인 스투키나 산세베리아 같은 식물을 선택하거나, 교실 한쪽 구석에 작게 배치하는 방법도 있죠.

이렇게 서로 조금씩 양보하고, 소수 의견도 진지하게 반영하려는 노력이 있어야 진짜 민주적인 결정이라고 할 수 있어요.

민주주의를 지키는 시민

좋은 민주 시민 되기

민주주의 사회에서는 국민 한 사람 한 사람이 나라의 주인이에요. 대통령이나 국회의원이 나라를 이끌어 가는 것처럼 보이지만, 결국 모든 정치의 중심에는 국민이 있지요.

축구 경기에서 심판이 공정해야 경기가 잘 진행되듯이 민주주의도 국민이 민주적인 태도를 가져야 올바르게 운영될 수 있어요.

만약 사람들이 정치에 너무 무관심하거나, 반대로 정치에만 집착해 일상생활을 소홀히 한다면, 민주주의는 제대로 자리잡기 어려워요. 또, 자신의 요구만 내세우고 반대 의견을 무시한다면 민주주의는 균형을 잃고 혼란에 빠질 수도 있어요.

결국 민주주의의 성공 여부는 국민에게 달려 있어요. 그렇다면 민주 시민이 가져야 할 태도와 책임은 무엇일까요?

첫째, 올바른 판단을 할 수 있어야 해요. 투표를 예로 들어 볼까요? 선거날이 다가오면 정치인들은 여러 공약을 내세워요. 그중에는 실현하기 어려운 약속도 있어요. 예를 들어, "모든 학생에게 매달 100만 원씩 용돈을 주겠다."라는 공약이 있다면 현실적으로 가능한 일인지 생각해 봐야 해요. 민주 시민은 정확한 정보를 바탕으로 판단하고, 현명하게 선택해야 해요.

둘째, 너무 성급하게 결과를 기대하지 않아야 해요. 결정을 빨리 내리는 가장 좋은 방법은 대표자 한 사람의 뜻에만 맡기는 것이겠지요. 하지만 우리가 다수결에 의해 민주적인 의사결정을 하기로 한 이유는 되도록 많은 사람의 의견을 반영하는 게 중요하기 때문이에요. 그래서 여러 사람이 모여 의사결정을 할 때는 결과에만 초점을 두기보다는 다양한 생각을 나누는 과정도 중요하게 여겨야 해요.

셋째, 다른 의견을 존중하는 태도를 가져야 해요. 내 생각만 옳다고 고집하면 갈등만 생겨요. 친구와 게임을 할 때도 내가 좋아하는 게임만 하자고 하면 다툼이 생길 수 있죠. 친구가 좋아하는 게임에도 흥미를 가져 보고, 번갈아 가며 함께하자고 한다면 즐겁게 놀 수 있을 거예요. 민주주의에서는 이렇게 나와 다른 생각도 열린 마음으로 들어 보려는 태도가 중요해요.

민주 시민이 지켜야 할 의무는 무엇일까요?

지금까지 민주 시민으로서 갖추어야 할 자세를 알아보았어요. 하지만 민주주의는 올바른 태도만으로 유지되지는 않아요. 국민으로서 지켜야 할 의무를 다하는 것도 중요해요.

나라를 지키는 일도 그중 하나예요. 꼭 군인이 되어야만 나라를 지키는 건 아니에요. 예를 들어, 사이버 테러나 가짜 뉴스에 속지 않도록 조심하고 바른 정보를 공유하는 것도 나라를 지키는 방법 중 하나예요.

또 하나 중요한 의무는 나라에서 정한 세금을 성실히 내는 거예요. 국가는 국민이 낸 세금으로 학교를 운영하고 도로를 만들며, 경찰과 소방관의 활동도 지원해요. 우리가 별도의 비용 없이 학교에 다닐 수 있는 것도 모두 세금 덕분이에요.

교육을 받을 의무도 빼놓을 수 없어요. 학교에서 배우는 것은 단지 성적을 올리기 위해서가 아니라, 올바른 판단력을 갖춘 민주 시민이 되기 위해서예요. 또, 모든 사람이 각자의 자리에서 열심히 일해야 나라 전체가 발전할 수 있어요.

환경을 지키는 것도 중요한 시민의 책임이에요. 쓰레기를 함부로 버리지 않고 자원을 아껴 쓰는 작은 행동 하나가 쌓이면, 더 깨끗하고 살기 좋은 사회가 만들어져요.

이처럼 민주주의 사회에서는 권리만 누리는 것이 아니라, 책임과 의무도 함께 실천하는 자세가 필요해요. 우리는 종종 민주주의가 당연히 주어진 제도라고 생각하지만, 이를 지키고 발전시키는 일은 결코 쉽지 않아요.

평소에 바른 행동을 실천하고, 사회에 관심을 가지는 것부터가 민주주의를 지키는 첫걸음이에요. 그리고 우리 목소리를 제대로 전달할 수 있는 '선거'에 관심을 갖고, 올바른 정보를 바탕으로 판단하며, 서로의 의견을 존중하고 대화와 토론을 통해 더 나은 사회를 함께 만들어가는 태도가 필요해요.

민주주의는 특별한 몇 사람이 지키는 것이 아니라, 우리 모두가 함께 만들어 가는 제도라는 점을 꼭 기억해 두세요.

민주주의에 관해 알아보아요.
민주주의는 다음에 배우고 지금은 각자 하고 싶은걸 해요.
그게 바로 민주주의지.
뭘 하고 놀지 다수결로 정해요.
난 그냥 잘게.
난 집에 갈래.
난 결혼 할래.
나랑 하자.
너희들 하는 말을 들어 보니 더 열심히 공부 해야겠어.
저 옷은 뭐야?
턱수염 뭐지…
여긴 어디? 나는 누구?

대화와 타협은 왜 중요할까요?

우리는 친구들과 의견이 다를 때가 많아요. 점심에 뭘 먹을지, 운동장에서 어떤 놀이를 할지, 조별 활동에서 역할을 어떻게 나눌지, 일상에서 의견이 부딪히는 경우는 종종 있죠. 만약 각자 자기 주장만 한다면 기분만 상하고 아무것도 정하지 못할 거예요. 하지만 서로 대화하고 타협하면, 모두가 만족할 수 있는 방법을 찾을 수 있어요.

예를 들어, 체험학습 장소를 정하는데 어떤 친구는 놀이공원을, 다른 친구는 동물원을 가고 싶어 한다고 해요. 모두 자기 의견만 내세우면 결국 다툼만 커지겠죠. 하지만 "이번에는 동물원에 가고, 다음엔 놀이공원에 가자!"라고 하거나 "반 친구들을 두 팀으로 나눠서 원하는 곳에 가 보자!" 하는 식으로 서로의 생각을 조율하면 모두가 만족할 수 있는 해결책을 만들 수 있어요.

이건 사회에서도 마찬가지예요. 저마다 다른 개성을 지니고 사는 사람들이 숱하게 많은 이해관계로 얽혀 있는 사회에서 대화와 타협 없이 바람직한 결과를 얻을 수 있을까요? 정치인, 회사, 나라 사이에서도 대화와 타협이 중요해요.

더 나아가 국가 간 관계도 마찬가지예요. 만약 나라들이 서로 대화 없이 자기 나라의 이익만 주장한다면, 결국 무역 갈등이 생기거나 심할 경우 전쟁까지 발생할 수 있어요. 하지만 대화를 통해 서로의 입장을 조금씩 양보하면 모두가 적절한 이득을 볼 수 있지요.

우리가 대화와 타협을 해야 하는 이유는, 모두가 100퍼센트 만족할 방법은 없기 때문이에요. 내가 100을 갖기 위해 상대방에게 100을 포기하라고 한다면, 그 관계는 유지될 수 없어요. 모두가 그러하다면 민주 사회는 이뤄질 수 없을 테지요.

여러분이 지금 속해 있는 교실에서부터 대화하고 조율하는 방법을 연습해 보세요. 그러면 앞으로 더 복잡한 갈등 상황도 잘 풀어 나가는 능력이 길러질 거예요.

선생님, 질문 있어요!

자유민주주의와 사회민주주의는 어떻게 달라요?

뉴스에서 보았는데요, 유럽 국가들은 사회민주주의를 추구한다고 해요. 미국 대통령은 TV에서 자유민주주의 정신을 부르짖고요. 민주주의에도 종류가 있는 걸까요?

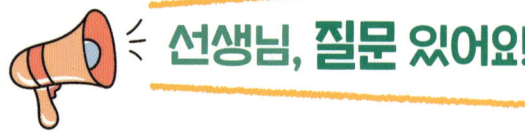

우리는 민주주의 사회에 살고 있어요. 하지만 민주주의도 시대와 나라에 따라 조금씩 다른 모습으로 발전해 왔어요. 민주주의는 기본적으로 '국민이 주인이다.'라는 생각에서 출발하지만, 어떤 가치를 더 중요하게 여기느냐에 따라 '자유민주주의'와 '사회민주주의'로 나눌 수 있어요.

자유민주주의는 자유를 가장 중요한 가치로 생각해요. 생각, 말, 경제활동의 자유가 보장되어야 진짜 민주주의라고 믿는 거예요.

여기서 정부는 법과 질서를 지키는 역할만 하고, 경제에는 가능한 한 개입하지 않아요. 우리나라도 자유민주주의를 바탕으로 해요. 그래서 개인이 직업을 자유롭게 선택하고, 기업들도 자유롭게 경쟁할 수 있어요. 하지만 '모든 일을 자유에만 맡겨 두면 불공평한 일이 벌어지지 않을까?'라는 걱정도 생겼어요. 경쟁에 유리한 사람만 좋은 교육이나 의료 혜택을 받는다면 기회를 얻지 못하는 사람은 더 힘들어지겠죠?

그래서 등장한 것이 사회민주주의예요. 사회민주주의는 평등과 복지를 중요하게 생각해요. 국민 모두 기본적인 생활을 할 수 있도록 정부가 교육, 의료, 복지 등을 적극적으로 지원하죠. 스웨덴이나 노르웨이 같은 나라는 이런 제도가 잘 갖춰져 있어요. 물론 세금을 더 많이 내야 하지만, 그만큼 국민 모두 최소한의 안정된 생활을 누릴 수 있다는 장점이 있어요.

이처럼 민주주의는 어떤 가치를 더 강조하느냐에 따라 두 가지로 나뉘어요. 어떤 나라들은 자유민주주의를 기본으로 하면서, 사회민주주의의 좋은 점도 받아들이고 있어요. 민주주의는 하나의 정답이 있는 것이 아니라, 계속 변화하고 발전하는 중이랍니다.

민주주의 퀴즈

배운 내용을 잘 이해했는지 확인해 볼까요?

1. 민주주의에서 '민(民)'과 '주(主)'가 뜻하는 것은 무엇일까요?

① 국민과 왕 ② 국민과 주인 ③ 정치와 법 ④ 나라와 대통령

2. 다음 중 '상대적 평등'의 예로 적절한 것은 무엇일까요?

① 모든 학생에게 똑같은 높이의 책상을 준다.

② 시험 성적이 낮은 학생에게도 똑같은 점수를 준다.

③ 경제적으로 어려운 학생에게 장학금을 준다.

④ 모든 신입사원이 같은 월급을 받는다.

3. 다음 설명이 맞으면 ○표, 틀리면 ×표를 하세요.

- 고대 아테네에서는 모든 사람들이 시민의 역할을 하며 참여할 수 있었다. (○, ×)
- 다수결의 원칙은 모든 문제를 해결하는 완벽한 방법이다. (○, ×)
- 자유민주주의에서는 사람들이 자유롭게 경제 활동을 할 수 있도록 정부가 적극적으로 개입한다. (○, ×)

1. ② **2.** ③ **3.** × / × / ×

친구들과 함께해 보는 민주주의 토론

'우리는 어떤 민주주의 시민이 될 수 있을까?'라는 주제로 친구들이 토론을 하고 있어요. 나와 비슷한 생각을 발표하는 친구를 찾아보아요.

찬우

난 민주주의가 다수결로만 이루어지는 줄 알았는데, 소수의 의견도 존중해야 한다는 걸 배우고 놀랐어. 나는 소수의 목소리에 특별히 귀를 기울이는 민주 시민이 되고 싶어.

그래도 난 다수결에 따르는 게 제일 중요하다고 생각해. 많은 사람들이 원하는 건 다 이유가 있는 거 아닐까? 소수 의견까지 다 듣다 보면 결정을 내리기까지 너무 오래 걸릴 것 같아.

준서

민서

나는 자유가 제일 중요하다고 생각해. 누구나 자유롭게 말하고 행동하면 되잖아. 꼭 모두가 똑같이 대우받을 필요는 없지 않아? 각자 원하는 대로 살면 되지.

음, 그래도 우리가 민주주의 시민이라면, 자기 주장만 내세우지 않고 대화와 타협을 잘해야 해. 그래야 함께 더 좋은 사회를 만들 수 있어!

시우

여러분, 오늘 토론을 들으면서 정말 많은 생각을 하게 되었어요. 찬우는 민주주의에서 소수의 의견도 존중해야 한다는 점을 잘 짚어 줬고, 시우는 대화와 타협을 통해 함께 좋은 사회를 만들어 가는 자세가 중요하다는 걸 멋지게 말해 줬어요. 민주주의는 단순히 다수결의 원칙이나 자유만을 의미하는 게 아니라, 서로 다른 생각을 존중하고, 함께 어울려 살아가는 방법을 배우는 과정이랍니다. 오늘처럼 다양한 생각을 나누는 시간이 바로 민주 시민으로 성장하는 첫걸음이에요.

제2장

민주주의를 만드는 제도

민주주의를 지탱하는 힘, 국민주권

국민주권은 어떻게 지켜지는 걸까요?

옛날에는 나라의 주인이 왕이었어요. 사람들은 왕이 신의 뜻에 따라 나라를 다스린다고 믿었죠. 이것을 '왕권신수설'이라고 해요. '왕의 권력은 신이 내려준 것이다.'라는 뜻이에요.

물론 왕이 모든 걸 마음대로 하던 시절에도 법과 제도가 있었지만, 왕의 권력을 제한하지는 못했어요. 프랑스의 왕 루이 14세는 "짐이 곧 법이다."라는 말을 남겼다고 해요. 이 말은 '왕이 곧 법이니, 내 말이 곧 법이다.'라는 뜻이에요. 지금 우리가 들으면 깜짝 놀랄 말이지요?

우리나라 헌법 제1조 제2항에는 이렇게 적혀 있어요. "대한민국의 주권은 국민에게 있고, 모든 권력은 국민으로부터 나온다." 여기서 '주권'이란 나라의 중요한 일을 최종적으로 결정할 수 있는 권한을 뜻해요. 즉, 국민주권이란 국민이 나라의 주인으로서 국가의 의사를 최종적으로 결정할 수 있다는 뜻이지요.

이는 왕 혼자 나라의 주인 행세를 했던 때와 달리, 지금은 나라의 주인이 여러 사람이라는 뜻도 돼요. 더욱이 지금 우리가 살고 있는 현대 사회는 예전보다 훨씬 많은 사람들이 함께 살아가고 있어요. 인구가 늘어나면서 사람들의 생각도 다양해지고, 자신의 권리를 지키려는 마음도 더 강해졌어요.

그런데 모든 사람이 자기 입장에서만 주인으로서의 권리를 주장하면 어떻게 될까요? 서로 다른 의견이 부딪치면서 갈등이 많아지고, 나라는 원활하게 운영되기 어려울 거예요. 그래서 민주주의 국가에서도 인간의 존엄성, 자유, 평등을 실제로 보장하는 건 쉽지 않은 일이에요.

국민이 나라의 주인인 민주주의를 실현하면서도, 갈등을 공정하게 해결하려면 몇 가지 원칙과 제도가 필요해요. 집을 지을 때 튼튼한 주춧돌과 기둥이 필요하듯이, 나라를 운영할 때도 민주주의를 지탱하는 기본 원리가 있어야 하는 거예요. 그

핵심이 바로 국민자치, 대의제, 권력분립, 입헌주의, 법치주의 같은 민주주의의 기본 원리예요. 이 원칙들이 잘 지켜져야 민주주의에서 가장 중요한 가치인 국민주권을 실현할 수 있답니다.

국민 주권을 실현하는 방법, 대의제

국민이 직접 나라를 다스리는 것을 '국민 자치'라고 해요. 국민이 나라의 주인이라는 사실을 실현하기 위해 꼭 필요한 원리지요.

하지만 나라의 중요한 일을 결정할 때마다 국민 모두가 한 자리에 모일 수는 없어요. 이는 현실적으로 어려운 일이기 때문에, 우리는 대표를 뽑아 정치를 맡기는 방식을 사용해요. 이것이 바로 '대의 민주주의' 또는 '간접 민주주의'예요.

혈통에 따라 왕의 자리가 세습되던 시대와는 달리, 국민의 뜻을 국가 정책에 반영할 대표자를 국민 스스로 선택한다는 것이지요. 이처럼 국민을 대신해 나라를 운영할 사람을 뽑는 제도를 '대의제'라고 해요. 대의제 덕분에 우리는 바쁜 일상 속에서도 대표를 뽑아 정치에 참여할 수 있고, 뽑힌 대표들이 나라의 중요한 일을 대신 결정해 줄 수 있어요.

하지만 대의제에는 단점도 있어요. 선거가 끝나면 국민이 정치에 직접 참여하기 어려워지고, 가끔은 뽑힌 대표가 국민의 생각과 다르게 행동할 수도 있거든요. 그래서 이를 보완하기 위한 제도들이 필요해요.

예를 들어, 지방자치제도는 지역 주민이 자신이 사는 곳의 중요한 일을 직접 결정할 수 있게 도와줘요. 또 어떤 나라에서는 국민이 직접 투표로 정책을 결정하는 국민 투표, 국민이 법안을 제안하는 국민 발안, 국민의 요청으로 대표를 물러나게 할 수 있는 국민 소환 제도 같은 장치도 마련하고 있어요. 이런 제도들은 국민이 더 많이, 더 적극적으로 정치에 참여할 수 있도록 도와줘요.

어떤 제도를 택하든, 민주주의에서 가장 중요한 건 국민이 나라의 주인이라는 사실을 기억하고, 스스로 권리를 행사하려는 마음가짐일 거예요.

민주주의를 만드는 기본 원칙, 입헌주의

민주주의를 지키는 헌법

옛날에는 법이 국민끼리의 다툼을 해결하거나, 왕이 백성을 다스리기 위한 도구로만 쓰였어요. 왕이 마음대로 법을 만들거나 고칠 수 있었고, 국민은 억울해도 그대로 따를 수밖에 없었지요. 또 나라를 다스리는 통치 방법도 왕이나 일부 귀족들에 의해서 결정되었죠.,

시간이 지나면서 사람들은 법이 권력을 가진 사람을 위한 도구가 되어선 안 되고, 모든 국민을 공평하게 지켜 주는 기준이 되어야 한다는 것을 깨달았어요. 그래서 과거 영국과 프랑스의 시민들은 왕의 절대 권력을 제한하고, 아무도 함부로 바꿀 수 없는 기준, 바로 헌법을 만들기 위해 싸웠어요.

그렇게 만들어진 헌법은, 이제 국민의 자유와 권리를 지키는 가장 근본적인 법이 되었답니다.

이처럼 헌법을 기준으로 국가를 운영해야 한다는 민주주의의 기본 원리를 입헌주의라고 해요. 권력은 남용되기 쉽기 때문에, 헌법이라는 틀 안에서 행사되어야 하지요. 입헌주의는 법치주의와 비슷하지만, 단순히 법을 지키는 것을 넘어 헌법이 국민의 권리와 자유를 보호하는 것을 가장 중요하게 여겨요.

입헌주의의 역사는 아주 오래되었어요. 그 시작점으로 가장 널리 알려진 것이 바로 1215년에 만들어진 '마그나 카르타(Magna Carta)'예요. 이 문서는 당시 영국의 존 왕이 귀족들의 반발을 달래기 위해 승인한 것으로, 왕의 권력을 제한하고 국민의 기본적인 권리를 보장하는 내용을 담고 있었어요. 특히 "왕도 법을 따라야 한다."라는 원칙을 처음으로 명확히 규정했다는 데 큰 의의가 있어요. 또한 "어떠한 자유 시민도 적법한 절차 없이 체포되거나 처벌받지 않는다."라는 조항은 이후 법치주의와 기본권 개념의 기초가 되었어요.

시간이 지나면서 영국의 명예혁명과 프랑스 혁명, 미국 독립혁명을 통해 국민이 국가의 주인이 되어야 한다는 개념이

확립되었고, 입헌주의는 더욱 발전했답니다. 오늘날 많은 민주 국가들은 이러한 역사를 바탕으로 헌법을 만들고, 국민의 권리를 보호하는 중요한 원칙으로 삼고 있어요.

헌법은 어떤 역할을 할까요?

민주주의 사회에서 헌법은 국민이 공평하고 자유롭게 정치에 참여하고, 권력이 함부로 사용되지 않도록 막아 주는 역할을 해요.

특히 헌법은 국민이 사람답게 살아가기 위해 꼭 필요한 기본적인 권리, 즉 기본권을 정해 놓고 보장해 줘요. 표현의 자유, 재산권, 신체의 자유처럼 중요한 권리들이 헌법에 명확히 담겨 있기 때문에, 아무리 힘 있는 사람이나 기관이라도 마음대로 국민의 권리를 침해할 수 없어요.

헌법에 기본권이 명시되어 있기에, 우리는 억울한 일을 당했을 때 이를 바로잡을 수 있는 근거를 갖게 되는 거예요. 헌법은 국민 한 사람 한 사람이 존엄하고 자유로운 존재로 살아

국가
헌법

갈 수 있도록 돕는 가장 강력한 보호막이랍니다.

또한, 헌법은 대통령이나 국회의원이 법을 마음대로 바꾸지 못하도록 막아 국민의 권리를 지켜 줘요. 만약 헌법이 없다면, 한 사람이 오랜 기간 권력을 독점하거나 특정 계층에게만 유리한 법을 만들 위험이 커질 거예요. 이처럼 헌법은 권력이 균형을 유지하고 건전하게 행사되도록 장치를 마련하는 역할을 해요.

결국, 헌법이 없는 민주주의는 존재할 수 없어요. 헌법은 법 중에서도 최고의 법이자, 국민과 국가가 함께 지켜야 하는 사회적 약속이에요. 국가는 헌법을 준수할 책임이 있고, 이를 통해 국민은 자신의 권리를 보호받아요. 그래서 국민이 헌법을 잘 이해하고 존중할 때 민주주의는 더욱 발전할 수 있어요.

민주주의를 지켜 주는 법치주의

법대로 한다는 건 무슨 뜻일까요?

주변에서 어른들이 다투다가 "법대로 합시다!"라고 말하는 걸 들어 본 적 있나요? 이 말은 서로 의견이 맞지 않을 때, 법을 기준으로 해결하자는 뜻이에요. 이 말이 자주 쓰인다는 건, 그만큼 우리 사회가 법을 중요시한다는 거겠죠.

사실 '법대로'라는 말을 좀 더 어렵게 표현하면 '법치주의'라고 해요. 법치주의란 '사람의 뜻'이나 '힘'이 아닌 '법'에 따라 나라를 다스려야 한다는 원칙이에요. 앞서 살펴본 입헌주의도 이런 법치주의를 전제로 탄생한 거죠.

우리나라 헌법에도 법치주의 정신이 담겨 있어요. 헌법 제11조 제1항에서는 "모든 국민은 법 앞에 평등하다."라고 명시하고 있지요. 이 조항은 누구에게나 법이 똑같이 적용되어야

한다는 법치주의의 원칙을 담고 있어요. 이를 토대로 "모든 국민은 존엄성을 가지며 행복을 추구할 권리를 지닌다."라는 헌법의 큰 원칙이 지켜지는 거예요.

법치주의에서 중요한 건 무엇일까요?

법치주의 국가에서는 국가 권력뿐 아니라 그 누구도 개인의 권리를 함부로 침해할 수 없어요. 국민의 자유와 권리를 보호해 줄 법이 존재하기 때문이에요.

"법 앞에 모두가 평등하다."라는 말은 법을 집행할 때 누구에게나 같은 기준을 적용해야 한다는 거예요. 예를 들어 "타인의 재물을 절취한 자는 6년 이하의 징역 또는 1천만 원 이하의 벌금에 처한다."라는 형법 조항은 일반 국민에게도, 대기업 회장에게도, 대통령에게도, 심지어는 재판관에게도 동일하게 적용이 되어야 한다는 것이지요. 이런 평등의 원칙에 예외를 두려면, 헌법에 근거한 특별한 규정이 있어야 해요.

법은 이처럼 엄정한 것이기 때문에, 법치주의가 제대로 작동하려면, 단지 법이 존재하는 것만으로는 부족해요.

법을 만드는 절차와 그 내용에 정당성이 있어야 해요. 법을 만들 때 헌법에 정해진 대로 국민이 뽑은 대표자들이 논의하는 절차를 거쳐야 하고, 그 내용은 국민이 받아들일 수 있을 만큼 공정해야 한다는 것이지요.

전 세계 역사를 놓고 봤을 때, 독재자들은 자신에게 유리한 법을 만들어 놓고, 국민들에게 "이 법은 합법적으로 만들어진 법이니까 따라야 해!"라고 강요한 적도 있어요. 이렇게 법을 이용해 국민의 정당한 주장을 묵살하는 것은 법치주의를 제대로 이해하지 못한 행동이에요.

예전에 독재자들은 소크라테스가 "악법도 법이다."라고 말했다며, 나쁜 법으로 국민들을 괴롭히는 걸 정당화하려 했어요. 하지만 사실 이 말은 소크라테스가 한 적이 없다고 해요. 민주 시민인 우리는 "악법은 고쳐야 한다!"라고 주장할 줄 알아야 할 거예요.

국민의 뜻과 현실을 잘 반영한 올바른 법, 그리고 법이 공정하게 적용될 수 있도록 만드는 제도적 장치가 진정한 법치주의를 만들어요.

건강한 권력 행사를 위한 삼권분립

권력은 왜 나누어야 할까요?

한 집단에서 혼자서 모든 결정을 내리는 사람이 있다면 어떤 일이 생길까요?

만약 한 반의 반장이 규칙을 만들고, 누가 어겼는지도 스스로 판단하고, 벌까지 직접 준다면, 그 반 친구들은 모두 괴로운 일을 당할 수 있겠지요. 잘못된 규칙이 생겨도 바로잡기 어렵고, 억울하게 벌을 받는 친구들도 많이 생길 수도 있어요.

이런 상황은 영화 속에서도 자주 나와요. 〈라이온 킹〉에서는 무파사 왕이 사라진 뒤, 스카가 왕이 되면서 모든 규칙을 자기 뜻대로 바꿔요. 다른 동물들의 의견은 무시되고, 왕국은 황폐해지죠. 〈알라딘〉에서도 악당 자파르가 제멋대로 나라를 지배하려 해요. 그는 법도 자기 마음대로 바꾸려 하고, 모든 권력을 휘두르려 하죠.

이처럼 한 사람에게 권력이 몰리면, 누구도 그를 막기 어렵고, 결국 모두가 피해를 보게 돼요. 민주주의가 사라지고, 국민의 목소리도 무시당할 수 있답니다.

권력은 어떻게 나눌 수 있을까요?

우리는 앞서 민주주의에서 중요하게 지켜져야 하는 원칙인 법치주의에 관해 알아보았죠? 또, 어떤 독재자가 법을 자기에게 유리한 대로 만드는 경우에 관해서도 함께 살펴보았어요.

아무리 법이 있어도, 그 법을 만드는 사람과 집행하는 사람, 해석하는 사람이 모두 같다면 그 권력은 쉽게 남용될 수 있어요.

그래서 생겨난 것이 바로 '권력분립'이라는 원칙이에요. 민주주의 국가에서는 입법부, 행정부, 사법부가 각자의 역할을 하면서 서로 견제하는 시스템을 갖추고 있어요. 권력을 셋으로 나누었다고 해서, 삼권분립이라고 하죠.

삼권분립 체제에서 법을 만드는 일은 입법부가 해요. 입법부가 만든 법을 해석해서 판결을 내리는 역할은 사법부가 해요. 법을 집행하고 나라에 필요한 정책을 마련하는 일은 행정부가 해요.

이렇게 역할과 권한을 나눠 두고, 입법권을 행사하는 국회, 사법권을 행사하는 법원, 행정권을 발동하는 정부가 각자의 권력을 함부로 쓰지 못하도록 서로 견제하는 것이죠. 이런 시스템이 제대로 유지되어야 국민은 자신의 권리를 안전하고 자유롭게 펼칠 수 있어요.

민주주의의 꽃, 선거제도

선거는 왜 중요할까요?

여러분은 선거철에 TV나 인터넷에서 투표에 적극적으로 참여하자는 광고를 본 적이 있나요? 선거를 할 때, 어떤 사람들은 투표가 중요하다고 생각해 꼭 참여하려고 하지만, 어떤 사람들은 별 관심을 두지 않기도 해요. 투표를 해도 아무것도 바뀌지 않는다고 생각하거나, 선거일을 친구들과 놀러 가는 날로 정하는 사람들도 있어요.

하지만 자신이 원하는 사회를 만들어 가려면 투표에 반드시 참여해야 해요. 예를 들어, 가족끼리 가는 소풍 장소를 정해야 한다고 생각해 볼까요? 아빠와 동생은 놀이공원에 가고 싶은데, 나와 엄마는 박물관에 가고 싶어요. 이때 아빠와 동생은 적극적으로 의견을 내고, 엄마와 나는 가만히 있으면 어떻게 될까요? 결국, 소풍 장소는 놀이공원으로 결정될 가능성이 높아요. 의견을 내지 않으면 원하는 결과가 나오지 않는 거예요.

정치도 마찬가지예요. 정치에 참여한다는 것은 자신이 원하는 사회를 만들기 위해 적극적으로 의견을 내고, 의사 결정 과정에 영향을 미치는 것을 의미해요.

정치에 참여하는 방법은 여러 가지가 있지만, 그중에서도

선거는 국민이 가장 직접적으로 자기 의견을 드러낼 수 있는 제도예요. 투표를 통해 국민은 자신을 대신해 나랏일을 해 나갈 대표자를 선택할 수 있죠. 그래서 선거를 '민주주의의 꽃'이라고 해요.

우리나라를 포함한 민주주의 국가에서는 선거를 통해 국회의원, 대통령, 시장이나 도지사 같은 지방자치단체장, 지방의원 등을 뽑아요. 이들은 국민을 대신해 중요한 결정을 내리고, 법을 만들거나 정책을 실행하는 역할을 해요. 이러한 법이나 정책은 나라의 발전뿐 아니라 국민 한 사람 한 사람의 삶에도 직접 영향을 미치죠.

그러니까 투표에 참여한다는 것은, 우리나라가 나아갈 방향과 나의 삶을 정하는 중요한 일이에요.

민주적인 선거, 어떤 원칙이 필요할까요?

선거 제도가 갖추어졌더라도, 국민이 자유롭게 후보자를 선택할 기회를 갖지 못하거나, 후보자들 사이의 경쟁이 불공정하다면 민주주의의 꽃은 피어나지 못할 거예요.

선거를 공정하고 올바른 방식으로 치르기 위해 꼭 지켜져야 할 네 가지 중요한 원칙이 있어요.

첫째, 보통선거의 원칙이에요. 일정한 나이가 되면 신분이나 성별, 재산에 관계 없이 누구나 투표할 수 있어야 해요. 과거에는 돈이 많거나 특정한 신분을 가진 사람만 투표할 수 있는 나라들도 있었지만, 오늘날 민주주의 국가에서는 일정한 나이가 되면 누구나 선거에 참여할 수 있는 권리가 법으로 보장되어 있어요.

둘째, 평등선거의 원칙이에요. 이는 모든 유권자의 투표 가치를 똑같이 인정하는 것으로, 모든 사람에게 1인 1표의 권리를 보장하는 것을 뜻해요. 만약 20대는 한 표, 30대는 두 표, 그리고 40대 이상은 세 표를 낼 수 있게, 나이에 따라 투표할 수 있는 수를 다르게 정한다면 정말 불공평하겠죠? 그래서 선거권이 있는 사람은 누구나 평등하게 한 표씩만 행사할 수 있도록 원칙을 정한 거예요.

셋째, 직접선거의 원칙이에요. 유권자는 반드시 자신이 직접 투표를 해야 해요. 과거에는 다른 사람이 대신 투표하는 경우도 있었지만, 이는 공정한 선거를 방해하는 일이에요. 선거날, 어떤 이유로든 다른 사람이 대신 투표하는 것은 절대 허용되지 않아요. 투표권은 자신의 의사를 직접 표현하는 중요한

권리이기 때문에 반드시 본인이 직접 행사해야 한답니다.

넷째, 비밀선거의 원칙이에요. 투표한 사람이 누구를 선택했는지 다른 사람이 알 수 없어야 해요. 만약 누군가가 투표한 후보를 강제로 공개하도록 요구할 수 있다면, 자유로운 선거가 이루어질 수 없겠죠? 그래서 선거는 반드시 비밀이 보장된 상태에서 진행되어야 해요.

이 네 가지 원칙이 잘 지켜질 때, 선거는 자유롭고 공정하게 이루어지고, 국민의 뜻이 제대로 반영될 수 있어요.

여기서 우리가 잊지 말아야 할 사실이 하나 더 있어요. 선거를 통해 투표에 참여하고, 또 대표자를 뽑았다는 것만으로 완전한 민주주의가 이루어지는 것은 아니라는 점이에요.

민주주의의 꽃인 선거제도가 진정한 빛을 발휘하려면, 선거로 뽑힌 대표자는 국민의 의견을 정책과 법에 반영하려고 노력해야 하고, 국민들도 대표자가 제대로 일을 하고 있는지 관심을 가지고 지켜봐야 해요. 그래서 선거는 투표로 끝나는 종착점이 아니라, 민주주의를 함께 만들어가는 새로운 출발점이에요.

민주주의를 살아 숨쉬게 하는 정당정치

정당이란 무엇일까요?

선거철이 되면 동네 게시판이나 거리에 후보자들의 포스터가 가득 붙어요. 후보자들이 정성껏 찍은 사진 아래에는 이름뿐만 아니라 다양한 정보가 적혀 있는데요, 그중에서도 특히 ○○당, ◇◇◇당, 무소속이라는 단어가 눈에 띄어요. ○○당이나 ◇◇◇당은 후보자가 소속된 정당의 이름이에요. 반면, 무소속은 특정 정당에 가입하지 않고 독립적으로 출마한 후보를 뜻해요.

한 사회에는 다양한 생각을 가진 사람들이 존재해요. 겉으로는 비슷해 보여도, 자세히 살펴보면 저마다 다른 의견을 가지고 있다는 걸 알 수 있죠. 세상에 존재하는 사람 수만큼 생각도 다양하다고 할 수 있어요. 그중 정치에 대한 생각이 비슷한 사람들이 모여 만든 것이 바로 '정당(政黨)'이에요.

다른 나라를 보면 정치가 아닌 재미를 목적으로 만든 정당도 있어요. 예를 들어, 이란의 '당나귀당', 벨라루스의 '맥주애호당', 스웨덴의 '도널드덕당'처럼요. 하지만 이런 정당들은 대부분 정치권에 진입하지 못하고, 정식 정당으로 인정되지 않아 사라지는 경우가 많아요.

정치는 혼자보다 여럿이 함께할 때 더 큰 힘을 발휘할 수 있어요. 아무리 좋은 의견을 가지고 있어도, 혼자서 이를 실현하기란 쉽지 않아요. 하지만 비슷한 생각을 가진 사람들이 모이면 자신의 뜻을 펼치기 훨씬 수월해지죠. 그래서 정당이 만들어지고, 사람들이 정당 활동에 참여하는 거예요.

우리나라 헌법 제8조 제1항에는 "정당의 설립은 자유이며, 복수정당제는 보장된다."라고 나와 있어요. '복수정당제 보장'은 여러 개의 정당이 동시에 존재하고 활동할 수 있다는 의미예요. 사람마다 다른 생각을 존중하는 민주주의 사회에서, 서로 다른 뜻을 지닌 정당이 여러 개 존재한다는 건 자연스러운 일이겠지요.?

또한, 정당은 국회의원이나 정치인만 가입할 수 있는 곳이 아니에요. 일반 국민들도 자신과 뜻이 맞는 정당을 찾아 가입하고 활동할 수 있어요.

우리나라에서는 2022년에 정당 가입 연령을 18세에서 16세로 낮추는 법이 통과되었어요. 덕분에 고등학교 1학년 학생도 정당 활동에 참여할 수 있게 되었답니다.

민주주의 사회에서 정당은 어떤 역할을 할까요?

정당은 민주주의 사회에만 있는 건 아니에요. 독재 국가에서는 독재자만의 입맛에 맞춘 단 하나의 정당만 존재하기도 해요. 또 왕을 중심으로 나라가 움직였던 과거에도 정치적으로 같은 뜻을 품은 사람들이 무리를 이루어 지금의 정당과 같은 모습으로 세력을 키우기도 했어요.

우리나라를 예로 들면, 조선을 세운 신진 사대부는 정치적인 입장 차이로 훈구파와 사림파로 나뉘었어요. 이들은 점차 동인과 서인, 남인과 북인, 노론과 소론 등 여러 정치 집단으로 갈라졌고, 이를 붕당이라고 불렀어요.

처음엔 서로를 견제하는 데 그쳤지만, 시간이 지나면서 정치 갈등이 격해져 서로를 죽이고 없애는 사화 같은 숙청 사건이 벌어졌어요. 또 임진왜란과 병자호란처럼 다른 나라의 침략을 당했을 때도 당파 싸움 때문에 나라가 제대로 대응하지 못했어요. 권력 다툼에만 집중하다 보니, 백성들의 삶은 돌보지 못했던 것이죠.

민주주의 원칙 아래 움직이는 오늘날의 정당은, 조선 시대의 붕당과는 다른 모습이에요. 왕에게 잘 보이거나 힘 겨루기에 이겨서 세력을 얻는 게 아니라, 국민의 지지를 받아 선거에 이겨야만 정권을 획득할 수 있고, 자신들의 뜻을 펼칠 수 있어요. 즉, 오늘날의 정당은 국민의 의견을 모으고 이를 정책과 법으로 실현하는 데 애쓰도록 시스템이 갖춰진 거예요.

민주주의 사회에서 정당은 주로 다음과 같은 역할을 해요.

첫째, 정당은 국민들의 다양한 의견을 모아 정책을 만들어요. 국민 개개인이 정치적 문제를 직접 해결하기는 어려워요. 하지만 자신의 생각과 비슷한 주장을 하는 정당을 지지함으로써, 간접적으로 국가 정책과 법 제정에 영향을 끼칠 수 있어요.

둘째, 정당은 대통령 선거, 국회의원 선거, 지방선거 등에 후보를 추천해요. 정당의 후보가 대통령이나 국회의원이 되면, 정책을 추진하거나 법을 만들 때 뜻을 펼치기가 더 유리하기 때문이에요. 그래서 각 정당은 선거에서 승리하기 위해 최선을 다해요. 이처럼 정당이 대표자로 뽑힐 만한 후보를 자신의 정당 안에서 골라 선거에 내보내는 과정을 '공천'이라고 해요.

셋째, 선거에서 승리한 정당은 정부를 구성해 나라를 운영해요. 특히 대통령이 속한 정당은 '여당' 또는 '집권당'이라고 불러요. 여당은 정부를 구성해 중요한 정책을 만들고, 나라의 방향을 정하는 중요한 역할을 맡아요.

반대로 대통령이 속하지 않은 정당은 '야당'이라고 해요. 야당은 여당이 만든 정책이 국민에게 불리하지 않은지 살펴보고, 문제가 있으면 비판하거나 수정하라고 요구해요. 이처럼 여당과 야당이 서로 다른 입장에서 의견을 나누고 견제하면서 민주주의가 건강하게 유지되는 거예요.

넷째, 정당은 국민에게 정치에 대해 알리고, 다양한 의견을 모아 민주적인 사회를 만드는 역할을 해요. 선거 때뿐만 아니라 평소에도 국민이 정치에 관심을 갖고 참여할 수 있도록 여러 가지 프로그램을 운영하고 정보를 제공해요.

어때요? 조선 시대의 붕당과 오늘날의 정당은 꽤 다르다는 걸 느낄 수 있죠?

민주주의 사회에서 정당은 단순히 권력을 차지하기 위한 모임이 아니라, 국민의 다양한 의견을 모으고 정책으로 실현하려는 '공적인 역할'을 맡고 있어요.

물론 현실에서는 정당이 오로지 정권 획득만을 위해 갈등을 키우면서 본래의 역할을 다하지 못하는 모습을 보일 때도 있어요.

그래서 민주주의가 제대로 작동하려면 어떤 정당이 공정한 경쟁을 하는지, 권력보다는 국민을 더 중요시 여기는지, 시민들이 잘 살펴보아야 해요. 국민이 올바른 정치를 해 나가려는 정당에 힘을 많이 실어 줄수록 민주주의는 더욱 발전할 거예요.

'민주주의의 꽃'인 선거에서 중요한 것은 무엇일까요?
오늘은 무슨 콘셉트지?
국회의원 후보 코스프레 같은데…
수트 빨이 좀…
네. 맞아요! 직접·보통·평등·비밀 선거지요.
누가 대답했나?
난 속으로만 생각했어.
그럼 반장에게 한 표를 준 사람, 손 들어 볼까요?
그건 안 되죠.
비밀선거 원칙에 어긋나잖아요.
민주주의 교실에서 이러셔도 되나요?
역시! 누가 가르쳤는지 참 잘 배웠군요!
으쓱

조금 더 알아보자, 민주주의

민주주의 제도가 만들어지기까지 큰 영향을 미친 사상들

그리스의 민주주의는 페리클레스가 아테네를 이끌던 BC 5세기에 크게 발전했어요. 하지만 스파르타와의 전쟁에서 패배한 후 점점 약해지다가, 결국 BC 2세기 중엽 로마가 그리스를 정복하면서 사라지게 되었어요.

그 뒤로 유럽은 왕이 나라의 주인이던 시기를 오랫동안 거쳤어요. 그러다 근대에 이르러 국민이 나라의 주인인 세상을 일구어 나갔죠. 이러한 변화를 이끈 대표적인 혁명으로 영국의 명예혁명(1688), 미국 독립혁명(1776), 프랑스 혁명(1789)이 있어요.

그런데 시민혁명은 우연히 일어난 게 아니었어요. 이미 사람들의 마음속에는 왕의 절대 권력에 반대하고, 국민의 권리를 지켜야 한다는 생각이 퍼지고 있었고, 이러한 사상들이 혁명을 일으키는 힘이 되었죠.

이때 사람들에게 가장 큰 영향을 미친 사상은 천부인권 사상, 계몽사상, 사회계약설이에요. 하나씩 살펴볼게요.

천부인권 사상은 문자 그대로 사람의 권리는 태어날 때부터 주어진 것이며, 누구도 빼앗을 수 없다는 뜻이에요. 모든 사람은 생명권과 자유, 평등한 권리를 가지고 있으며, 정부라도 이를 함부로 침해해서는 안 된다는 생각이지요. 이 사상은 미국 독립선언서와 프랑스 인권선언에도 담겨 있어요. 1948년에 선포된 세계인권선언도 이런 생각을 바탕으로 만들어졌어요.

계몽사상은 인간이 스스로 생각할 수 있는 능력을 가지고 있으며, 이성의 힘으로 더 나은 세상을 만들 수 있다는 믿음에서 출발했어요. 이에 따라 몽테스키외는 한 사람이 모든 권력을 가지면 위험하다고 하며 삼권분립을 강조했고, 루소는 권력은 국민에게 있어야 한다며 민주주의의 중요성을 역설했어요.

사회계약설은 국가란 국민과 정부의 계약으로 만들어졌으며, 국민이 동의하지 않으면 권력이 정당성을 가질 수 없다는 이론이

에요. 사회계약설 덕분에 시민들은 절대왕정을 반대하며 기본권을 지키기 위한 싸움을 벌일 수 있었어요.

사회계약설을 주장한 대표적인 학자들은 홉스, 로크, 루소예요. 홉스는 "인간은 본래 이기적이기 때문에 강한 정부가 필요하다." 라고 주장하며 절대군주제를 지지했어요. 하지만 로크는 "정부는 국민의 자유와 재산을 보호하기 위해 존재하는 것"이라며, 정부가 이를 지키지 않으면 국민은 저항할 수 있다고 했어요. 루소는 한 걸음 더 나아가 "국민이 직접 정치에 참여해야 한다."라며 직접 민주주의를 강조하기도 했어요.

이러한 사상들은 단순한 옛날이야기가 아니에요. 민주주의가 왜 중요한지 고민하지 않는다면, 과거처럼 누군가가 모든 권력을 독점하는 일이 다시 생길 수도 있어요. 민주 시민인 우리는 앞으로도 자유롭고 평등한 사회를 위해 어떤 생각과 원칙이 필요한지 함께 고민해 보면 좋겠죠?

선생님, 질문 있어요!

국민을 바보로 만드는 제도도 있을까요?

아무리 민주주의 사회라도 국민의 지지를 받은 지도자가 독재를 펼치면 막을 방법이 없지 않나요?

참 좋은 질문이에요. 그런 일들은 역사적으로도 있었어요. 몇몇 독재자들은 여러 방법을 통해 자신을 영웅처럼 보이게 해서 국민들이 스스로 판단하지 못하도록 했어요. 그 대표적인 예가 바로 독일의 히틀러와 이탈리아의 무솔리니예요. 그들은 겉으로 보기에 합법적으로 보이는 제도를 이용했죠.

독일의 독재자 아돌프 히틀러는 국민들이 자신을 따르게 하려고 교육부터 바꿨어요. 특히 어린 학생들을 세뇌시키려고 했지요. 이를 위해 그는 '히틀러 유겐트'라는 청소년 조직을 만들었어요. 히틀러 유겐트 단원들은 똑같은 갈색 제복을 입고, 강한 체력을 기르기 위해 훈련을 받았어요. 처음에는 단순한 스포츠 활동 같았지만, 점점 나치를 찬양하는 연설을 듣고, 군사 훈련까지 받는 조직으로 변했어요. 단원들은 히틀러의 연설을 듣고 그를 영웅처럼 따르게 되었죠.

또한 히틀러는 사람들이 다른 의견을 말하지 못하도록 언론도 장악했어요. 신문과 라디오에서 오직 자신과 나치당을 찬양하는 내용만 나오도록 했어요. 그러면서 히틀러에게 반대하는 사람들은 처벌하거나 감옥에 가뒀어요. 그 결과, 독일 국민들은 점점 히틀러가 옳다고 믿게 되었고, 히틀러가 어떤 결정을 내리든 의심하지 않게 되었어요. 결국 1939년, 히틀러는 전쟁을 일으켰고, 독일 국민들은 전쟁을 반대하지 못했어요.

그와 비슷한 시기에, 이탈리아에서는 베니토 무솔리니라는 독재자가 등장했어요. 그는 파시스트당을 만들어 국민들을 통제했어요. 무솔리니는 국민들이 자신의 말에 의문을 품지 못하도록 신문과 방송을 장악하고, 반대하는 사람들을 탄압했어요. 또, 끊임없이 "이탈리아를 강한 나라로 만들자."라고 외치며 전쟁을 정당화했어요. 많은 국민들은 이 말을 듣고 무솔리니를 따르게 되었죠.

그의 독재는 결국 이탈리아를 전쟁으로 몰아갔고, 전쟁에서 패배한 이탈리아는 큰 혼란에 빠졌어요.

히틀러와 무솔리니는 국민들이 자신을 의심하지 못하도록 하기 위해 사람들을 세뇌하고, 언론을 통제하며, 반대하는 사람들을 탄압했죠. 그 결과, 국민들은 점점 스스로 판단하는 힘을 잃고, 독재자를 따르는 것이 당연하다고 믿게 되었어요.

그렇다면 이런 독재자가 나타나 법과 제도를 마음대로 바꿀 경우 나라가 무조건 독재로 흘러갈까요? 꼭 그렇지는 않아요. 국민들이 스스로 생각하고 판단할 수 있는 힘을 기른다면, 독재자들이 쉽게 나라를 장악할 수 없을 거예요. 그래서 우리는 역사를 통해 배워야 해요. 어떤 제도가 국민의 생각을 빼앗는지, 그리고 자유롭게 판단하는 힘을 기르는 것이 얼마나 중요한지 말이에요.

결국 국민이 스스로 생각하고 판단하는 힘을 가질 때, 민주주의를 지킬 수 있어요. 다양한 의견을 듣고, 내 생각을 키우는 연습이 중요한 이유도 바로 여기에 있답니다.

민주주의 퀴즈

배운 내용을 잘 이해했는지 확인해 볼까요?

1. 다음 설명이 맞으면 ○표, 틀리면 ×표를 하세요.

- 우리나라에서는 국민이 선거를 통해 대표를 뽑아 정치에 참여하기 때문에, 국민이 직접 정책을 결정하는 국민투표나 지방자치제도는 필요하지 않다. (○, ×)
- 삼권분립은 권력이 한곳에 집중되는 것을 막기 위해 만들어진 원칙이다. (○, ×)
- 선거는 단순히 대표자를 뽑는 행사가 아니라, 국민이 직접 주권을 행사할 수 있는 중요한 과정이다. (○, ×)

2. 다음 중 정당이 하는 역할로 알맞은 것은 무엇일까요?

① 국민의 의견을 모아 정책을 만든다.

② 선거에서 후보자를 추천하고 국민에게 알린다.

③ 정부를 구성해 나라를 운영하거나, 야당이 되어 정부를 감시한다.

④ 모두 맞다.

정답 **1.** × / ○ / ○ **2.** ④

친구들과 함께해 보는 민주주의 토론

'정말로 모든 권력은 국민에게 있을까?'라는 주제로 친구들이 토론을 하고 있어요. 나와 비슷한 생각을 발표하는 친구를 찾아보아요.

준서

헌법 제1조를 보면 "대한민국의 주권은 국민에게 있다."라고 되어 있어. 우리가 선거로 대통령과 국회의원을 뽑으니, 모든 권력이 국민에게 있는 거 아닐까?

지율

맞아. 하지만 국민이 직접 모든 결정을 내리는 건 아니잖아. 국민이 뽑은 대표자가 국민과 뜻과 다르게 행동하면, 이를 바로잡기는 어렵지.

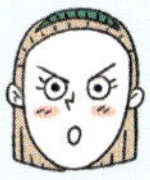
유나

선거가 끝나면 국민의 정치 참여가 줄어들고, 대표자가 약속을 지키지 않아도 막기 힘들어. 그래서 대의민주주의에서는 모든 권력이 국민에게 있다는 말이 틀릴 수도 있어.

원영

그러니까 모든 권력이 국민에게 있다고 해도, 그 권력을 국민이 적극적으로 행사하지 않으면 민주주의가 제대로 작동하지 않을 수도 있겠네.

오늘 토론 정말 멋졌어요! 다들 민주주의에 대해 깊이 생각하고 있다는 게 느껴졌어요. “모든 권력은 국민에게 있다.”라는 말은 우리가 직접 행동할 때 비로소 진짜 의미를 가지게 된답니다. 투표를 하고, 정치에도 관심을 갖고, 대표자가 약속을 잘 지키는지 살펴보는 것! 그게 바로 ‘국민이 주인인 나라’를 만드는 힘이에요. 민주주의는 먼 곳에 있는 게 아니에요. 지금 여러분의 눈빛과 말 속에 이미 살아 있어요. 앞으로도 오늘처럼 용기 있게 말하고, 다르게 생각하는 친구의 말도 귀 기울이는 ‘진짜 민주 시민’이 되길 기대할게요!

제 3 장

민주주의를 지키는 시민의식

민주주의를 세운 시민들

국민이 주인이 된 순간들

우리가 당연하게 생각하는 민주주의의 제도와 원칙은 결코 저절로 만들어진 것이 아니에요. 한 사람의 명령에 따라 모든 것이 정해지던 시대가 있었고, 왕이나 귀족만 나라의 주인으로 여겨지던 시절도 있었지요. 하지만 그런 시대에 "이제는 국민이 주인이다!"라고 외치며 변화를 일으킨 사건들이 있었어요. 바로 영국, 프랑스, 미국에서 일어난 세 가지 역사적인 혁명이에요.

세 나라는 각기 다른 이유로 다른 방식의 혁명을 겪었지만, 공통점이 있었어요. 절대 권력에 맞서 국민의 권리를 되찾으려 시민들이 직접 나서서 싸웠다는 점이에요. 이들은 피를 흘리기도 하고, 오랜 시간 동안 갈등과 실패를 겪기도 했지만, 결국 국민이 정치의 중심이 되는 길을 스스로 열었답니다.

이제부터 살펴볼 세 가지 혁명 이야기 속에는 우리가 지금 누리고 있는 민주주의의 출발점이 담겨 있어요. 이 이야기들을 통해, 민주주의는 어떻게 시작되었는지, 국민이 주인인 사회는 어떻게 만들어졌는지를 함께 알아보도록 해요.

왕보다 의회가 중요한 나라가 되다, 영국의 명예혁명

17세기 영국은 왕이 나라를 다스리는 절대왕정 국가였어요. 왕 아래에는 높은 지위와 재산을 물려받는 귀족들이 있었고, 그 아래에는 땅을 가진 중산층 계급인 '젠트리'와 도시에서 일하며 돈을 버는 시민 계층이 있었지요.

시간이 지나면서 젠트리와 시민 계층은 점점 경제적으로 강해졌고, 정치에도 관심을 갖기 시작했어요. 하지만 왕은 여전히 자신이 모든 권력을 가진다고 생각하며, 의회의 의견을 무시하고 마음대로 세금을 걷거나 부당한 명령을 내리곤 했어요.

젠트리와 시민 계층은 이런 상황에 불만을 품었어요. '우리가 열심히 일해서 나라를 움직이고 있는데, 왜 우리 마음대로 할 수 있는 건 없고 왕의 뜻에만 따라야 할까?' 하는 생각이 점점 커졌죠. 그러던 중, 제임스 2세라는 왕이 가톨릭을 지지하며 다시 절대왕정을 만들려 하자, 결국 의회는 그를 몰아내기로 결심했어요.

의회는 왕의 딸 메리와 그녀의 남편 윌리엄을 새로운 왕과 왕비로 앉혔어요. 피 한 방울 흘리지 않고 왕을 교체한 이 사건을 '명예혁명'이라고 불러요.

왕이 된 윌리엄과 메리는 1689년 '권리장전'을 승인했어요. '권리장전'에 담긴 법규에 따라 국왕은 의회의 동의 없이 법을 만들거나 세금을 걷을 수 없고, 국민을 함부로 탄압할 수도 없게 되었어요. 즉, 왕이 있어도 함부로 권력을 행사하지 못하는 '입헌군주제'가 시작된 것이에요..

명예혁명은 민주주의 역사에서 아주 중요한 사건이에요. 이때부터 왕이 모든 권력을 가지는 시대는 끝나고, 국민의 대표가 나라를 움직이는 민주주의의 씨앗이 싹튼 거니까요.

새로운 나라의 탄생, 미국 독립혁명

18세기 후반, 영국은 북아메리카 13개 식민지에 과도한 세금을 부과했어요. 식민지 사람들은 "대표 없이 세금도 없다!"라는 구호를 외치며 저항했어요. 직접 뽑은 대표를 보내 의견을 내놓을 수도 없는 상황에서 영국이 일방적으로 매긴 세금을 낸다는 건 말이 안 된다는 주장이었죠.

그러던 중 '보스턴 차 사건'이 일어났어요. 당시, 영국 동인도 회사의 배가 보스턴 항구에 도착했어요. 하지만 배 안에 있는 차(茶)에는 세금이 붙어 있었어요. 이에 화가 난 식민지인들은 영국의 세금 정책에 항의하기 위해 한밤중에 몰래 배에 올라탔어요. 그리고 무려 342상자의 차를 바다에 던져 버렸어요.

크게 화가 난 영국 정부는 보스턴 항구를 폐쇄하고, 매사추세츠 주의 자치권을 박탈하는 강력한 조치를 내렸어요. 하지만 이 정책은 오히려 다른 식민지들의 분노를 불러일으켰고, 13개 식민지가 하나로 뭉치는 계기가 되었답니다.

1775년 4월, 미국 독립 전쟁이 시작되는 첫 총성이 울렸어요. 식민지인들이 영국으로부터 완전히 독립하기를 바라게 된

것이죠.

1776년 7월 4일, 식민지 대표들은 독립 선언문을 발표했어요. "모든 인간은 평등하다."라는 문장은 전 세계에 큰 울림을 주었죠. 그렇게 세워진 나라가 미국이에요. 미국은 이후 헌법을 만들고, 국민이 직접 대표를 뽑는 민주공화국을 세웠어요.

미국 독립 선언은 전 세계에 큰 영향을 미쳤어요. 프랑스 혁명의 이념에 영향을 주었을 뿐만 아니라, 스페인과 중남미 식민지들의 독립 운동에도 영감을 주었어요. 또한 "모든 인간은 평등하다."라는 사상은 이후 전 세계 민주주의 운동의 중요한 기초가 되었어요.

자유와 평등을 향한 발걸음, 프랑스 혁명

1780년대 프랑스, 베르사유 궁전에서는 화려한 무도회가 열리고, 귀족들은 값비싼 옷을 입고 사치를 누리고 있었어요. 하지만 거리로 나가면 상황은 정반대였어요. 농민들은 굶주리고, 상인들은 무거운 세금에 허덕였으며, 평범한 시민들은 왕과 귀족들이 자신들을 돌보지 않는다고 불만을 터뜨렸어요.

사람들은 이렇게 묻기 시작했어요.

"왜 누구는 세금 한 푼 내지 않으면서도 권력을 쥐고 있고, 누구는 힘든 노동을 하면서도 아무 권리도 가지지 못하는 걸까?"

평민 대표들은 국민의회를 만들며 저항을 시작했어요. 국왕 루이 16세는 국민의회를 인정하는 척했지만, 몰래 군대를 베르사유 궁전 근처로

집결시키며 의회를 강제 해산하려 했어요. 이 사실을 알게 된 파리 시민들은 분노했고, 1789년 7월 14일, 바스티유 감옥을 습격했어요. 프랑스 혁명은 그렇게 시작되었어요.

국민의회는 봉건제를 폐지하고, '인간과 시민의 권리 선언'을 발표했어요. 루이 16세는 결국 1793년 단두대에서 처형되었고, 프랑스는 왕이 없는 공화정이 되었어요.

나폴레옹이 황제가 되면서 잠시 왕이 다스리는 시대가 다시 열리기도 했었지만, 프랑스 혁명이 남긴 자유·평등·박애의 정신은 이후 전 세계 민주주의 발전에 큰 영향을 미쳤어요. 특히 절대 왕정을 무너뜨리고 국민이 정치의 주인이 될 수 있다는 가능성을 보여주었다는 점에서, 프랑스 혁명은 현대 민주주의의 중요한 출발점이 되었어요.

세 나라의 혁명은 시대도, 방식도 달랐지만 모두가 외친 말은 같았어요.

"이제는 국민이 주인이다!"

그리고 그 외침은 오늘날 우리가 살아가는 민주주의 사회의 씨앗이 되었답니다.

투표권을 얻기 위한 노력

노동자들의 목소리, 차티스트 운동

오늘날 우리는 남자든 여자든, 부자든 가난한 사람이든, 인종이 어떻든 차별 없이 선거에 참여할 수 있지만, 예전에는 그렇지 않았어요.

19세기 영국에서는 일정한 재산을 가진 남성만 투표할 수 있었고, 대부분의 노동자와 서민은 참정권이 없었어요. 1838년, 시민들은 "모든 성인 남성에게 투표권을 달라!"라는 요구를 담은 헌장(차트, charter)를 만들어 의회에 제출했어요. 이렇게 시작한 차티스트 운동에는 수백만 명의 노동자와 시민들이 참여했답니다.

비록 당시에는 선거법을 바꾸지 못했지만, 이후 영국은 차티스트들의 목소리를 바탕으로, 모든 남성이 투표할 수 있는 사회로 한 걸음씩 나아가게 되었어요. 이 운동은 일정한 나이가 되면 누구나 신분이나 성별, 재산에 상관없이 투표할 수 있어야 한다는 보통선거의 원칙을 세우는 데 중요한 첫걸음이 되었지요.

여성도 투표하게 해 주세요! 여성 참정권 운동

19세기 중반, 영국과 미국에서는 중산층 여성을 중심으로 여성 참정권 운동이 시작되었어요. 지금은 상상하기 어렵지만, 여성이라는 이유만으로 투표할 수도, 선거에 출마할 수도 없었던 시절이 있었거든요.

당시 여성들은 교육과 직업에서도 차별을 받았어요. 한 예로, 작가 '메리 앤 에번스'는 여성이라는 이유로 차별받을까 봐 '조지 엘리엇'이라는 남성 필명으로 작품을 발표해야 했어요. 사회적으로 이런 분위기였으니, 여성들이 정치에 참여할 수 없었던 것도 당연한 일이었어요.

1차 세계대전이 끝난 뒤, 여성들의 역할이 달라졌어요. 전쟁이 일어나자 많은 남성들이 군인으로 전쟁터에 나갔고, 그동안 여성들은 공장에서 일하며 무기를 만들고, 병원에서 간호사로 일했어요. 나라를 위해 아주 중요한 일을 해낸 거예요.

그런데도 여성들은 여전히 투표를 할 수 없었어요. 그래서 여성들은 조직적인 시위와 운동을 통해 "우리도 남자들과 똑

같이 나라를 위해 일했어요! 우리에게도 투표할 권리가 있어요!"라고 외쳤어요.

그 결과, 유럽과 미국에서는 여성의 투표권을 점점 인정하기 시작했어요. 1918년, 영국에서는 30세 이상 여성에게 일부 투표권을 주었고, 1928년에는 21세 이상 모든 여성에게 남성과 똑같은 선거권을 주었어요. 독일도 1919년에 여성들이 선거에 참여할 수 있도록 법으로 정했고, 미국도 1920년에 헌법을 고쳐 여성에게 투표권을 주었답니다.

이렇게 여성들이 당당히 자기 목소리를 낼 수 있도록 애써온 결과, 요즘은 남녀 모두 능력에 따라 의회와 정부의 여러 분야에서 큰 역할을 맡아 열띤 활동을 벌일 수 있게 되었지요.

차별을 넘어서다! 흑인 참정권 운동

요즘은 인종차별을 하면 크게 비난을 받게 되지요. 그런데 불과 60~70년 전만 해도 미국에서는 흑인이 투표할 수 없는 현실이 이어지고 있었어요. 노예제는 폐지되었지만, 차별은 여전히 존재했고, 흑인들은 법적으로나 사회적으로 불이익을 받고 있었던 거지요.

1960년대, 마틴 루터 킹 목사를 중심으로 흑인들이 참정권을 요구하며 민권운동을 벌였어요. 그리고 1965년, 마침내 미국 정부가 흑인들의 투표권을 보장하게 되었어요. 이 순간은 미국 역사에서 아주 감격적인 장면이었어요. 하지만 투표권을 얻은 것은 시작일 뿐, 그 뒤로도 흑인을 차별하는 제도와 사회적 편견을 바꾸기 위해 더 많은 노력이 필요했지요.

차티스트 운동, 여성 참정권 운동, 흑인 참정권 운동은 보통 선거와 대중 민주주의로 가는 길을 연 중요한 사건들이에요. 과거에는 부자나 귀족만 정치를 했지만, 지금은 모든 사람이 평등하게 권리를 갖고, 정치에 참여할 수 있어요.

이 모든 변화는 시민들의 오랜 노력과 참여로 이루어진 거예요. 민주주의는 저절로 생기는 것이 아니라, 우리가 함께 지키고 만들어 가는 것임을 잊지 말아야 해요.

인권, 전 세계가 세운 가장 소중한 가치

왜 모두가 '인권'을 외쳤을까요?

인권은 말 그대로 '사람이 마땅히 누려야 할 권리'라는 뜻이에요. 태어날 때부터 누구나 하늘로부터 부여받은 권리라는 의미에서 '천부인권(天賦人權)'이라고 부르기도 해요. 인종, 성별, 사회적 신분과 관계없이 모든 사람이 동등하게 누려야 하는 보편적인 권리이며, 누구도 빼앗거나 무시할 수 없는 소중한 가치예요. 하지만 인권이 지금처럼 널리 알려지고 중요한 가치로 여겨지게 된 것은 그리 오래된 일이 아니에요.

전 세계가 인권을 보호해야 한다는 생각을 갖게 된 계기는 바로 두 차례의 세계대전이었어요. 전쟁으로 수많은 사람들이 목숨을 잃었고, 민간인이 희생되거나 포로들이 열악한 환경에서 고통받는 일이 많았어요. 전쟁이 끝난 후, 사람들은 다시는 이런 비극이 반복되지 않도록 인권을 보호하는 국제적인 규칙이 필요하다고 생각했어요.

이런 흐름 속에서 1946년, 세계 여러 나라가 함께 '유엔(UN) 인권위원회'를 만들고, 전 세계가 지켜야 할 인권의 기준을 정

하기 시작했어요. 엘리너 루스벨트를 초대 의장으로, 미국, 레바논, 중국 등 다양한 나라의 대표들이 모여 초안을 만들었어요. 이후 호주, 칠레, 프랑스, 영국, 소련 등 여러 나라가 논의에 참여하며 내용을 다듬었고, 점점 더 많은 나라의 의견이 반영되었어요.

처음 초안이 완성된 후, 유엔에 가입한 58개국이 여러 차례 검토하며 수정했고, 1948년 12월 10일, 마침내 유엔 총회에서 '세계인권선언(Universal Declaration of Human Rights)'이 공식적으로 채택되었어요.

유엔 인권위원회는 현재 '유엔 인권 이사회'로 개편되었고, 여전히 활발히 활동 중이랍니다.

세계인권선언, 모두의 권리를 위한 약속

세계인권선언은 모든 사람이 자유롭고 평등하며, 존엄하게 살아야 한다는 사실을 전 세계가 함께 확인하고 약속한 첫 공식 선언이었어요. 세계가 함께 인권을 보호해야 한다는 약속을 처음으로 문서로 남긴 중요한 역사적 사건이었죠.

세계인권선언은 법처럼 강제력을 가진 규칙은 아니지만, 모두가 꼭 지켜야 할 약속이에요. 이 선언 덕분에 이후 각국의 헌법과 법률에도 인권을 보장하는 내용이 포함되었고, 여러 국제 인권 협약도 만들어졌어요. 오늘날에도 세계인권선언은 인권과 관련해 가장 중요한 문서로 여겨지며, 전 세계에서 가장 많이 번역된 문서 중 하나로 손꼽힌답니다.

세계인권선언은 전문과 30개 조항으로 구성되어 있어요. 모든 사람은 태어날 때부터 존엄하며, 누구도 차별받아서는 안 된다는 것이 핵심이에요. 생명권, 표현의 자유, 교육과 문화생활, 사회보장 등 다양한 권리도 중요한 요소로 들어 있어요. 또한, 모두가 서로의 인권을 존중하며, 국가와 사회도 이를 지키기 위해 함께 노력해야 한다는 점도 강조하고 있어요.

오늘날 우리가 민주 시민으로서 누리는 많은 권리들이 이 선언을 바탕으로 보장되기 시작했어요. 앞으로도 세계 곳곳에서 인권을 지키기 위한 노력이 계속될 것이며, 우리는 이를 통해 더 나은 세상을 만들어 갈 수 있을 거예요.

내일을 바꿀 오늘의 행동

민주주의를 밝히는 작은 불씨

지금까지 우리는 불공정한 세상을 바꾸자는 여러 생각들이 모여, 민주주의의 가치를 세워 낸 역사를 알아보았어요. 때로는 여러 시민이 피를 흘린 혁명을 통해, 때로는 곳곳에서 벌어진 시민 운동을 통해 민주주의의 원칙은 지금처럼 단단해져 갔죠.

이렇듯 민주주의는 세상을 좋은 쪽으로 바꾸자는 시민의 의지로 성장해 나가요. 그런데 세상을 바꾸는 큰 흐름은 어디서부터 비롯되는 걸까요? 그 시작점은 바로 지금 우리 가까이에 있을지도 몰라요. 여기서는 가까운 과거와 현재에 전 세계의 민주화 운동에 영향을 미친 사건과 지구 전체를 살리기 위한 작은 외침을 소개해 볼게요.

‘아랍의 봄’은 어떻게 시작되었을까요?

2015년 노벨 평화상은 어느 나라에서 받았는지 알고 있나요? 바로 튀니지예요. 그리고 이 상을 받은 사람들은 나라를 위해 평화적인 대화를 이끌어 낸 ‘튀니지 국민4자대화기구’였어요. 도대체 튀니지에서는 어떤 일이 있었던 걸까요?

이야기는 2010년, 한 평범한 청년의 행동에서 시작되었어요. 튀니지 거리에서 과일과 채소를 팔며 생계를 꾸려 가던 모하메드 부아지지라는 청년이 있었어요. 그는 성실히 자기 일을 하며 소박한 행복을 꿈꾸며 살았죠. 그런데 경찰은 그가 허가 없이 장사를 했다는 이유로 그의 생계를 위협하는 부당한 단속을 했어요. 부아지지는 억울함을 호소했지만, 아무도 그의 말을 들어주지 않았어요.

그는 너무나 큰 절망감과 분노를 느꼈어요. 그리고 정부의 부당함을 알리기 위해 스스로 몸에 불을 붙이고 생을 마감했어요. 이 사건은 튀니지 시민들에게 엄청난 충격을 주었어요. 이를 단순히 한 사람의 문제가 아니라 국민 모두의 문제라고 생각한 사람들은 거리로 나와 부패한 정부에 항의하는 시위를 벌이기 시작했어요.

이런 적극적인 행동이 튀니지의 독재 정권을 무너뜨리는 계기가 되었어요. 하지만 여기서 끝이 아니었어요. 튀니지에서 시작된 시민들의 목소리는 이집트, 리비아, 시리아 같은 여러 나라로 퍼져나갔어요. 사람들은 거리로 나와 "우리는 자유를 원한다!", "독재는 끝나야 한다!"라고 외쳤어요.

이렇게 중동과 북아프리카 여러 나라에서 민주주의를 요구하는 거대한 움직임이 일어났고, 사람들은 이를 '아랍의 봄'이라고 부르게 됐죠.

하지만 '아랍의 봄'이 모두에게 따뜻한 봄을 가져다 주지는 못했어요. 이집트에서는 민주화가 진행되었지만, 군부가 다시 권력을 잡으며 정권이 바뀌었어요. 리비아와 시리아에서는 실제로 내전이 일어나, 지금까지도 전쟁과 혼란이 이어지고 있어요.

한편, 튀니지는 주변 나라들과 비교하면 조금씩 민주주의를 향해 나아가고 있어요. 2014년에는 국민이 직접 대통령을 뽑는 첫 선거가 치러졌어요. 그리고 튀니지 노동단체와 시민단체들이 주축이 되어 '국민4자대화기구'를 만들었어요. 이들은 폭력이 아닌 대화와 타협을 통해 민주주의를 지켜 냈어요.

이 공로를 인정받아, 2015년 '튀니지 국민4자대화기구'는 노벨 평화상을 받았어요. 시민들의 뜻깊은 행동 하나하나가

모여 한 나라의 운명을 바꾸고, 더 나아가 전 세계에 민주주의의 중요성을 알리는 계기가 되었던 거예요.

그레타 툰베리는 왜 학교 대신 거리로 나갔을까요?

그레타 툰베리는 2003년 스웨덴에서 태어난 평범한 소녀예요. 어느 날 툰베리는 바다를 뒤덮은 쓰레기와 고통받는 동물들을 본 뒤, 기후 위기의 심각성을 깨닫고 직접 행동에 나서기로 결심했어요. 신문사 글쓰기 대회에 참가하고 토론에도 참여했지요. 하지만 세상은 쉽게 바뀌지 않았어요.

"말만으로는 부족해. 행동해야 해."

그레타는 더 이상 가만히 있을 수 없었어요. 2018년 8월, 스웨덴 국회의사당 앞에서 '기후를 위한 학교 파업'이라는 피켓을 들고 1인 시위를 시작했어요.

"공부도 중요하지만, 미래가 없다면 학교는 무슨 의미가 있을까요?"

처음에는 혼자였지만, 그 소식은 SNS를 통해 퍼졌고, 전 세

큰일을 하는데
너는 결코 작지 않아.
지구가 아파요
동물 멸종 NO
기후위기 STOP
기후가 위험해
미래 없는 미래세대
미래를 위한 금요일 운동
우리는 지구시민이다
마지막 기회

계 학생들이 함께 움직이게 됐어요. '미래를 위한 금요일(Fridays for Future)' 운동이 시작된 거예요. 학생들은 매주 금요일마다 거리로 나와 기후 위기를 알렸어요.

그레타는 UN, 세계 경제 포럼, 유럽 의회에서 연설하며 기후 문제 해결을 위한 어른들의 책임을 강하게 요구했어요. 특히 "당신들은 우리를 배신했어요!"라는 말은 많은 사람들에게 큰 울림을 주었죠. 그녀는 2019년 『타임』지가 선정한 올해의 인물로 뽑히며 세계적인 환경 운동가가 되었어요.

그레타는 말해요.

"큰일을 하기에 너는 결코 작지 않아."

혼자 시작한 작은 행동이 수백만 명의 움직임으로 커졌듯, 우리도 세상을 바꾸는 힘을 가진 존재예요.

이번에는 명예혁명을 이끈 영국 사람인가 봐.
프랑스 혁명 당시 시민 같은데.
민주주의에서 가장 중요한 두 가지가 있어요. 그중 한 가지는 민주주의를 이루는 제도!
머 엉~~~
또 다른 하나는 무엇일까요?
민주주의는 거창한 것에서 시작하는 게 아닙니다.
민주주의를 지키려는 시민의식 아닐까요?
우리의 작은 실천에서 민주주의가 발전하는 거겠죠?
자유와 평등을 지키려는 시민의 의지가 중요합니다!
여러분의 말을 들으니 가슴이 웅장해지는군요.
뜨식

우리도 함께 바꿨어요!
대한민국 민주주의를 지켜 낸 시민들

우리나라가 민주주의를 받아들인 것은 일제강점기가 끝난 이후예요. 일제의 침략을 받기 전, 조선시대 말까지 우리나라는 여전히 왕이 나라를 다스리고 있었죠.

처음으로 대통령제를 시행해 국민의 대표가 나랏일을 맡게 한 뒤로, 민주주의가 자리 잡기까지 수많은 어려움이 있었어요. 우리나라도 민주주의를 지키려는 시민들의 노력과 희생 속에서 자유롭고 평등한 사회로 조금씩 나아갈 수 있었답니다.

1960년 3월, 부정선거에 분노한 시민과 학생들이 거리로 나섰어요. 이때 이뤄진 4.19혁명은 대한민국에서 처음으로 국민이 힘을 모아 독재 정권을 무너뜨린 역사적인 사건이에요.

그 후에도 유신 독재 체제를 반대해 부산과 마산의 학생과 시민들이 들고 일어선 부마 민주항쟁(1979년), 광주의 시민들이 군사정권에 맞서 싸운 5.18 민주화운동(1980년), 그리고 전국에서 시민과 학생들이 함께 벌인 6월 민주항쟁(1987년) 등을 통해 우리는 직선제를 쟁취하고 대통령을 스스로 선택할 수 있는 권리를 얻었어요.

국민이 진정한 나라의 주인이 되기까지, 우리나라도 수많은 사람들의 노력과 희생이 있었던 것이지요.

지금도 정치뿐 아니라 사회 곳곳에서 보이는 여러 가지 문제들을 개선하려는 시민운동은 계속되고 있어요.

1990년대에는 '경제정의실천시민연합(경실련)'이나 '참여연대' 같은 단체들이 부정부패를 감시하고, 소비자와 환경을 보호하는 활동을 활발히 펼쳤어요. 쓰레기 줄이기 운동, 공공요금 인상 반대 운동처럼 일상과 밀접한 캠페인도 많았지요.

최근에는 청소년도 정치에 참여하는 일이 많아졌어요. 청소년 참정권 확대를 이끈 '촛불 청소년 인권 법제정 연대'의 활동, 탈석탄과 기후위기 대응을 촉구하는 '청소년기후행동'의 시위가 좋은 예예요.

이처럼 우리나라의 민주주의는 시민들의 참여와 연대로 성장해 왔고, 지금도 성장해 가고 있어요.

선생님, 질문 있어요!

투표로 뽑은 정치인이 약속을 안 지키면 어떡하나요?

선거 때가 되면 후보자들이 자신을 뽑아 달라며 여러 가지 약속을 하잖아요. 그런데 이 약속이 정말로 지켜질지 어떻게 믿을 수 있죠?

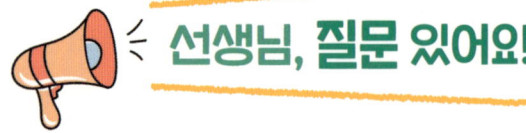

맞습니다. 선거철이 되면 후보자들이 다양한 공약을 내놓지만, 그 약속들이 얼마나 구체적이고 실현 가능한지 의심스러울 때가 있어요. 이런 고민에서 시작된 것이 바로 '매니페스토 운동'이에요. '매니페스토'는 본래 '공적인 선언'을 뜻하는 말로, 정치인이 유권자에게 책임 있게 지킬 약속을 문서로 발표하는 것을 말해요.

1834년 영국 보수당 대표 로버트 필은 "유권자의 환심을 사기 위한 공약은 실패하기 마련이다."라며, 공약은 반드시 실천 가능한 것이어야 한다고 강조했어요. 이후 매니페스토 개념은 널리 퍼졌고, 1997년 영국 총선에서는 토니 블레어가 '실현 가능한 10대 공약'을 발표하며 유권자들의 큰 신뢰를 얻었죠.

미국에서도 이 운동이 활발해요. 보수 성향의 '헤리티지 재단'과 진보 성향의 '브루킹스 연구소'는 정당과 함께 정책을 만들고 이를 실현하기 위한 노력도 함께해요.

일본은 2003년부터 지방선거에서 매니페스토를 활용해 후보자들이 구체적인 정책을 문서로 공개하고, 유권자들이 이를 비교하며 투표에 활용하도록 했어요.

우리나라도 예외는 아니에요. '한국 매니페스토 실천본부'는 선거 공약을 검증하고 정책 이행률을 평가하는 활동을 해요. 유권자가 직접 정치인의 공약을 확인하고, 선거 후에도 감시할 수 있게 돕고 있는 거예요.

매니페스토 운동은 정치인을 감시하는 것에서 끝나지 않아요. 국민이 적극적으로 정치에 관심을 가지고, 책임 있는 공약을 요구하는 것이 바로 민주주의의 실천이랍니다. 투표할 때 후보자의 공약이 얼마나 구체적이고 실현 가능한지 꼼꼼히 따져 보는 습관, 우리에게도 꼭 필요해요.

민주주의 퀴즈

배운 내용을 잘 이해했는지 확인해 볼까요?

1. 다음 설명이 맞으면 O표, 틀리면 X표를 하세요.

- 1776년 7월 4일, 미국은 독립을 선언하며 민주주의 국가로 출발했다. (O, X)
- 프랑스 혁명 당시 평민들은 세금을 내지 않고도 정치에 참여할 수 있었다. (O, X)
- '아랍의 봄'은 튀니지 국민들을 비롯해 민주주의를 요구하는 여러 나라 시민들의 시위에서 시작되었다. (O, X)
- 1987년 6월 민주항쟁을 통해 우리 국민은 대통령을 직접 뽑을 수 있는 권리를 얻었다. (O, X)

2. 명예혁명으로 인해 영국에서 확립된 정치 체제는 무엇일까요?

① 공화정 ② 입헌군주제 ③ 절대왕정 ④ 군사정권

3. 다음 사건을 발생한 순서대로 나열해 보세요.

① 프랑스 혁명 ② 영국 명예혁명 ③ 미국 독립혁명

정답 **1.** O / X / O / O **2.** ② **3.** ② → ③ → ①

친구들과 함께해 보는 민주주의 토론

'투표권을 가진 사람은 모두 투표해야 할까?'라는 주제로 친구들이 토론을 하고 있어요. 나와 비슷한 생각을 발표하는 친구를 찾아보아요.

민규

나는 모두가 투표하는 데 찬성이야. 많은 사람들이 투표하지 않으면 소수만 결정에 참여하게 되고, 우리 모두의 의견이 정치에 반영되지 않을 수 있으니까.

유진

나는 반대야. 투표는 하고 싶을 때 하는 거야. 억지로 투표하게 하면 관심이 없거나 잘 모르는 사람들이 아무렇게나 선택할 수도 있어.

찬우

투표가 의무가 되면 정치에 더 관심을 갖게 돼. 실제로 호주는 투표를 안 하면 벌금을 내야 해서, 투표율이 아주 높대. 많은 사람이 참여하면 더 공정한 정책이 나올 수 있어.

승관

하지만 모두에게 투표를 강요하는 건 자유를 뺏는 거야. 민주주의 사회에서는 투표권을 행사하는 것도 중요하지만 자유가 더 중요해.

투표를 꼭 해야 한다는 민규와 찬우의 말도, 자유롭게 선택해야 한다는 유진이와 승관이의 말도 모두 일리가 있어요. 투표는 정말 중요한 일이지만, 그걸 의무로 해야 하는지, 자유롭게 선택해야 하는지는 더 생각해 볼 문제인 것 같아요. 어떤 방식이든 정치를 내 일처럼 생각하고 관심을 가지는 것, 그게 민주 시민으로서 가장 멋진 태도랍니다. 오늘 토론 덕분에 민주주의에 대해 더 깊이 생각해 볼 수 있었어요. 앞으로도 우리 함께 고민하고, 이야기 나누는 민주 시민이 되어 보아요!

제 4 장

내가 만드는 민주주의 사회

학급회의에서 배우는 민주 시민의 역할

학급회의에서 실천하는 민주 시민의 토론

우리는 지금까지 민주주의의 원칙과 제도, 그리고 민주주의를 바로 세우려 싸워 온 시민들의 역사를 살펴보았어요.

그런데 민주주의를 실천하는 건 어른들만의 몫이 아니에요. 교실에서, 가정에서, 친구들과의 관계에서, 우리도 민주 시민이 되는 길을 찾을 수 있답니다.

이제부터 우리 일상에서 민주주의를 어떻게 실천할 수 있을지 하나씩 생각해 보려 해요. 첫 번째로 함께 살펴볼 방법은 학급회의예요.

"학급회의에서 발표하는 게 너무 떨려요.", "내 의견을 친구들이 이상하게 생각하면 어떡하죠?" 이렇게 걱정하는 친구들이 많아요. 하지만 학급회의는 민주주의를 배우고 실천하는 좋은 기회예요. 자신의 생각을 표현하고 친구의 의견을 존중하는 경험을 쌓다 보면, 지금보다 더 좋은 우리 반, 더 나아가서는 좀 더 나은 사회를 만드는 데 힘을 보탤 수 있지요.

학급회의는 반 친구들과 함께 규칙을 만들고, 불편한 점을 해결해 나가는 과정이에요. 예를 들어, 한 친구가 교실을 깨끗하게 유지하자는 의견을 냈어요. 그 의견에 따라 책상을 정리하거나 청소 구역을 조정했다면, 그것이 바로 민주적인 결정이에요. 모두가 함께 만든 규칙을 지키면 반 분위기도 더 좋아지겠죠?

'나는 학급회의에서 정해진 대로 따르기만 할래.'라는 생각을 할 수도 있어요. 그러면 갈등이나 불편한 상황은 피할 수 있겠지만, 우리 반을 함께 이끌어 가는 주인으로서의 역할은 하지 않게 되는 거예요.

또한, 나만의 의견을 가지려면, 학급 회의 때 자기 생각을 발표하는 친구의 말을 경청하는 자세도 필요해요. 그 친구의 주장이 내 의견과 어떤 점에서 다르고 같은지를 잘 살펴보고, 서로 양보하거나 조율할 수 있는 방법을 찾아 보는 거예요.

내 의견을 발표하지 않는 것도 바람직하지 않지만, 내 고집대로만 하겠다며 다른 사람의 의견을 귀담아 듣지 않는다면 이 또한 민주적인 태도가 아니에요.

다수의 의견에 따르며 소수를 존중해요

학급회의에서는 보통 다수결로 의견을 정해요. 다수결은 빠르게 결정을 내릴 수 있어서 편리하지만, 자기 의견이 채택되지 않은 소수의 친구들은 불만을 가질 수 있어요.

예를 들어, 체험학습으로 영화를 보기로 했는데, 다수결로 액션 영화를 골랐어요. 하지만 액션 영화를 싫어하는 친구도 있을 수 있죠. 이런 경우, 이번에는 투표 결과에 따라 액션 영화를 보지만, 그다음에 볼 영화는 액션 장르를 제외하고 투표하자고 미리 정해 둔다면 어떨까요? 그러면 이번에 어쩔 수 없이 억지로 액션 영화를 보게 되는 친구들도 불만이 적어질 거예요. 이렇게 다수의 의견에 따르면서도 소수의 의견도 존중하는 방법은 얼마든지 찾을 수 있어요.

학급회의에서 내 의견이 채택되지 않으면 속상할 수 있어요. 하지만 민주주의는 한 번의 결정으로 모든 게 끝나는 게 아니라, 계속 의견을 나누고 발전시키는 과정이에요.

동아리에서 다음 시간 활동을 논의하는데 내가 제안한 아이

디어가 받아들여지지 않았다면 어떨까요? 이럴 때 바로 '내 의견이 잘못된 건가 보다.' 하고 포기하지 말고, 더 좋은 방안을 고민해 보는 거예요. 이번에는 다수의 의견을 따르지만, 다음 기회에 지금의 생각을 더 발전시켜 많은 친구들이 동의할 만한 아이디어를 내 보려는 생각을 할 수 있는 거죠. 민주주의에서는 이렇게 모두가 생각을 발전시켜 나가는 과정이 무엇보다 중요해요.

학급회의는 우리 반에서 민주주의를 실천하는 중요한 기회예요. 여기에서 자신의 의견을 내고 친구들의 의견을 존중하며 소통하는 연습을 하면, 사회에 나가서도 서로 협력하고 책임 있게 행동하는 민주 시민이 될 수 있어요.

이제 학급회의에서 내 생각을 자신 있게 말해 볼 준비가 되었나요? 서로의 의견을 듣고 함께 해결책을 찾는 것, 그게 바로 민주주의의 시작이에요.

반장 선거에서 배우는 민주주의의 원칙

반장 선거에서 실천하는 대의 민주주의

우리가 민주주의를 처음 경험하는 곳은 바로 학교예요.

그중에서도 반 친구들 모두 참여하는 반장 선거는 민주주의의 원리를 직접 배우고 실천하는 좋은 기회예요. 반장은 단순히 인기 있는 친구가 아니라, 학급을 대표하는 리더예요.

투표권을 가진 반 친구들은 반장 후보자들의 공약을 듣고 비교하며, 책임감 있는 사람을 선택하는 방법을 배워요. 또 후보가 된 친구는 반장으로서 반을 위해 어떤 일을 할 것인지 미리 생각해 보고, 이를 다른 친구들 앞에서 당당하게 표현하는 힘을 기를 수 있어요.

반장 선거는 단순한 경쟁이 되어선 안 돼요. 모든 후보가 평등한 기회를 가지고, 공약 발표나 토론을 통해 자신의 생각을 자유롭게 알릴 수 있어야 해요. 또 투표는 강요가 아닌 자유로운 선택이어야 하며, 결과에 따라 당선자든 낙선자든 서로를 격려하고 존중하는 분위기를 만드는 것이 중요해요.

민주주의의 꽃, 선거를 교실에서 체험해요

당선된 반장은 그 반을 대표하는 역할을 하게 돼요. 학급회의에서는 친구들의 다양한 의견을 듣고 조율하면서, 다수의 뜻뿐 아니라 소수의 목소리까지 함께 살피는 역할을 하죠. 또 반 친구들은 모두가 함께 뽑은 반장의 말을 존중하며, 반장이 잘못된 행동을 하지 않도록 지켜보는 역할도 해요.

반장 선거 자체도 민주주의의 핵심을 담고 있어요. 여러 후보자가 자유롭게 출마하고, 친구들이 비밀 투표로 직접 대표를 뽑는 과정은 자유로운 선거와 평등한 1인 1표 원칙을 실천해 보는 경험이에요. 선거 전, 후보들의 공약을 듣고 비교하면서 정보를 바탕으로 선택하는 능력도 자연스럽게 키우게 돼요.

이러한 경험은 학교 안에서만 끝나지 않아요. 한 학급의 반장을 선택해 본 경험은 나중에 선거권이 주어졌을 때, 내 손으로 대통령을 뽑고, 국회의원을 선택하는 기준이 되기도 하죠.

또 반장이 되어 본 친구들은 리더로서의 책임감과 포용심을 배울 거고요.

학교는 작은 민주주의 사회예요. 반장 선거를 통해 우리는 더 좋은 민주 시민으로 자라날 수 있어요. 서로의 생각을 존중하고, 공정하게 의견을 나누며 함께 만드는 학급 문화는 앞으로의 세상에서도 큰 힘이 될 거예요.

SNS에서 배우는 민주적 소통 방법

SNS에서 실천하는 민주 시민의 소통

SNS는 '소셜 네트워크 서비스(Social Network Service)'의 줄임말로, 여러 사람이 온라인에서 소통할 수 있도록 돕는 서비스예요. 요즘은 많은 사람들이 SNS를 통해 정보를 얻고, 자신의 생각을 표현하며, 친구들과 소통하고 있지요.

특히 학생들에게 SNS는 중요한 소통 수단이에요. 친구들과 메시지를 주고받거나, 좋아하는 게임이나 노래에 대한 이야기를 나누고, 관심 있는 영상이나 뉴스를 함께 보는 것도 SNS 활동의 일부예요. 그렇다면 이곳에서 우리는 어떻게 대화해야 할까요?

SNS에서 의견을 나누는 방식은 다양해요. 어떤 친구들은 인스타그램이나 유튜브에서 사회 문제에 대한 글을 공유하며 자신의 생각을 표현하기도 해요.

학교에서 환경 보호 캠페인을 진행하는 친구가 SNS에 "우리 반에서 플라스틱 사용 줄이기 캠페인을 해요. 관심 있는 친구들은 함께해요."라는 글을 올렸다고 해 볼까요?

이 글을 본 친구들은 댓글을 달거나, 비슷한 캠페인을 소개하는 방식으로 의견을 표현할 수 있어요. 반면, 어떤 친구는

"이런 캠페인은 효과가 없을 것 같아."라고 의견을 낼 수도 있어요. 이때 중요한 것은 단순히 반대의견을 드러내는 데 그치지 않고, "그렇다면 더 효과적인 방법은 뭐가 있을까?"라고 함께 고민하는 태도예요.

SNS에서는 정보가 빠르게 퍼지는 만큼, 거짓 정보가 퍼질 위험도 있어요. 예를 들어, 친구가 "이번 시험은 무조건 어렵게 나온대!"라고 SNS에 올리면, 많은 친구들이 믿어 버릴 수도 있어요. 이런 정보가 정확하지 않다면 나중에 혼란이 생길 수 있지요. 그래서 SNS에서 정보를 공유할 때는 반드시 사실인지 확인하는 과정이 필요해요.

민주주의 사회에서는 서로의 의견을 존중하고, 자유롭게 표현하면서도 책임 있는 태도를 가지는 것이 중요해요. SNS에서도 마찬가지예요. SNS 안의 커뮤니티는 재미있는 공간이지만, 한편으로는 의견이 부딪히거나 감정이 상하는 일도 생길 수 있어요. 그렇다면 SNS를 이용할 때 어떤 자세를 가져야 하는지 조금 더 구체적으로 알아볼까요?

SNS에서 의견을 나눌 때는 존중하는 마음이 필요해요

SNS에서는 누구나 자신의 의견을 자유롭게 표현할 수 있어요. 다양한 사람들이 여러 생각을 공유하는 공간인 만큼, 자기 생각을 자유롭게 드러낼 수 있는 분위기를 만들어야 해요.

예를 들어, 한 친구가 새로 개봉한 영화를 보고 단톡방에 정말 재미있었다며 친구들에게 추천하는 톡을 올렸다고 해 볼까요? 같은 영화를 본 또 다른 친구는 그 영화를 별로라고 생각할 수도 있어요. 이럴 때 어떻게 반응하는 게 좋을까요? "나는 별로였는데? 완전 재미없었어."라고 부정적으로만 말하면, 친구가 기분이 나빠질 수도 있어요. 그런 말 대신 "나는 그렇게 재밌게 보지는 않았지만, 네가 좋았다니 궁금하네! 어떤 부분이 재미있었어?"라고 묻는다면, 좋은 대화를 나눌 수 있겠죠.

SNS에서 자기 생각을 솔직하게 드러내는 건 매우 중요하지만, 그 표현은 좀 더 신중해야 한다는 점을 잊지 말아야 해요. 친구가 올린 사진을 보고 장난으로 "이 사진 좀 이상한데?"라고 댓글을 남긴다면 어떻게 될까요? 별 뜻 없이 한 말일 수도 있지만, 친구는 상처를 받을 수 있어요. SNS에서는 짧은 글이나 댓글만으로 대화가 이루어지기 때문에, 감정이나 의도가 제대로 전달되지 않는 경우가 많아요. 또, 어떤 사람들은 익명성을 이용해 상대방을 놀리거나 비난하는 경우도 있어요. 상대방에게 상처를 주거나 무시하는 말을 하는 건 민주 시민에게는 어울리지 않는 행동이에요.

그래서 SNS에서는 말을 하기 전에 한 번 더 생각해 봐야 해요. 내 말이 상대방에게 어떻게 들릴지 고민해 보는 것이죠. 같은 말이라도 얼굴을 맞대고 하는 것보다 더 기분 나쁠 수도 있다는 점을 고려하고, 표현할 때 조금 더 배려하는 태도가 필요해요. 직접 만나서 이야기할 때처럼 예의를 지키고, 상대방의 입장에서 생각해 본다면, 더 따뜻하고 건강한 소통을 할 수 있어요.

SNS는 우리에게 많은 정보를 제공하고, 다양한 사람들과 소통할 수 있는 공간이에요. 그만큼 말 한마디로 많은 사람의 감정이나 생각에 영향을 미칠 수 있는 곳이기도 하지요.

내가 올리는 글과 댓글, 영상이 다른 사람들에게 올바른 정보를 주고, 좋은 기분을 느끼게 해 준다면, 민주주의에 꼭 필요한 건강한 소통이 SNS에서도 이뤄지게 돼요.

실생활과 마찬가지로 SNS에서도 민주주의를 실천하는 멋진 시민이 되어 봅시다.

놀이터에서 배우는 협력과 존중

놀이터에서 실천하는 민주 시민의 협동

놀이터는 친구들과 함께 자유롭게 뛰어놀고 어울리는 공간이에요. 미끄럼틀, 그네, 시소 같은 놀이기구가 있고, 모래놀이를 하며 창의력을 키울 수도 있어요. 그런데 놀이터는 단순히 재미있는 놀이 공간만이 아니에요.

놀이터에서 친구들에게 "같이 놀자!"라고 말하는 순간, 민주주의의 중요한 가치를 하나 실천하게 되는 것이라는 점, 알고 있었나요?

혼자가 아닌, 친구와 함께 놀겠다는 마음을 먹은 것부터가 시작이에요. 그리고 친구들과 어떤 놀이를 할지 정하고, 함께 하는 과정에서 각자의 의견을 존중하는 법을 배울 수 있죠.

예를 들어, 어떤 친구는 '무궁화꽃이 피었습니다'를 하고 싶고, 또 어떤 친구는 '경찰과 도둑'이나 '짝피구'를 하고 싶어 해요. 이럴 때 "그럼 먼저 '무궁화꽃이 피었습니다'를 하고, 그다음엔 짝피구 하자!"라고 의견을 나누고 서로 원하는 바를 들어줄 수 있다면, 이 또한 민주주의를 실천하는 행동이에요. 여럿이 함께할 때는 내 생각만 고집하지 않고 서로의 생각을 존중

하며 조율해 가는 것이 중요해요.

또한, 놀이터에서는 서로 배려하는 마음가짐을 배우게 돼요. 시소를 타려면 친구와 함께해야 하고, 그네를 타고 놀 때는 서로 양보하는 법도 알게 되죠. 만약 어떤 친구가 미끄럼틀에서 넘어졌다면, 그냥 지나치는 것이 아니라 "괜찮아?"라고 물어보고 도와주는 것이 배려예요. 나보다 덩치가 작은 친구와 시소를 탈 때 내가 한 칸 앞에 앉아 균형을 맞추는 것도 협동을 위한 배려이지요.

서로를 존중하고 협력하는 이런 태도들이, 민주주의 사회를 더 따뜻하게 만들어 주는 거예요.

놀이터에서 갈등을 해결하는 방법을 배워요

놀이터에서 갈등이 생기는 일은 흔해요. 하지만 더 즐겁게 놀기 위해선 친구들과 힘을 합쳐 문제를 해결하려는 자세가 필요해요.

예를 들어, 미끄럼틀을 타려고 줄을 서서 기다리고 있었는데 어떤 친구가 새치기를 했다면, 그냥 넘어가기보다는 "지금 줄 서고 있었는데, 내 차례야."라고 조심스럽게 말해 보는 게 좋아요. 혹시 상대가 모르고 끼어들었을 수도 있으니까요. 그래도 그 친구가 계속 새치기를 하려고 한다면, 다른 친구와 함께 "우리 모두 순서를 지키자." 하고 이야기해 보는 것도 좋은 방법이에요.

또 이런 상황도 있어요. 친구들과 '무궁화꽃이 피었습니다' 같은 놀이를 하기로 했는데, 어떤 친구가 자기 마음대로 규칙을 바꾸거나, 혼자서만 술래를 하겠다고 고집을 부려요. 이럴 때는 "다 같이 돌아가면서 술래하자."라고 말해 보는 게 좋아요. 한 사람이 이렇게 말하면 금방 다른 친구들도 그 말에 동의하게 돼요. 그러면 처음에 자기 뜻대로만 하고 싶다고 고집부리던 친구도 자기 행동이 잘못됐다는 걸 깨우칠 기회를 얻게 되죠.

이렇게 놀이터에서는 자신이 마땅히 누려야 할 권리를 지키면서도, 모두가 조화롭게 어울리는 방법을 배울 수 있어요. 그래서 놀이터는 민주주의를 배우는 좋은 교실이 되기도 해요.

청소년 요금제에서 배우는 평등

청소년 요금제에서 찾은 민주 사회의 평등

영화관에서 티켓을 살 때나 지하철, 버스를 탈 때, '어린이 요금', '청소년 요금', '성인 요금'이 다르게 표시되어 있는 걸 본 적 있나요?

'왜 나이에 따라 요금이 다를까?'

어른들은 당연하게 여길 수 있지만, 학생이라면 한 번쯤 궁금해할 수 있는 질문이에요. 지금부터 청소년 요금제에 어떤 민주주의 가치가 숨어 있는지 살펴보려 해요.

먼저, '어린이'는 보통 6세부터 12세까지, '청소년'은 13세부터 18세까지를 말해요. 어린이는 아직 스스로 돈을 벌 수 없고, 대부분 부모님의 보호 아래 있어요. 청소년은 어린이보다 더 많은 권리를 가지지만, 경제적으로는 아직 완전히 독립하지 못한 상태예요.

그런데 청소년도 어른과 같은 가격에 영화를 봐야 한다면 어떨까요? "난 한달 용돈이 3만 원이니까 부담돼서 영화는 못 보겠어."라고 포기하거나 "내가 아르바이트 해서 버는 돈은 이것밖에 안 되는데, 왜 나보다 몇 배나 많이 버는 엄마랑 같은 비용을 내야 하지?"라며 억울할 수도 있겠지요. 어른은 직장을 얻어 돈을 벌 수 있지만, 청소년은 아르바이트를 하거나 부모님에게 용돈을 받아 쓰는 경우가 대부분이잖아요. 수입에 차이가 나기 때문에 지출할 수 있는 돈이 얼마인지도 다른 거죠.

민주주의에서 평등은 매우 중요한 가치예요. 청소년 요금은 '상대적 평등'을 반영한 제도라고 볼 수 있어요. 즉, 모두를 똑같이 대우하는 것이 아니라, 각자의 상황을 고려해 공정하게 배려하는 거예요.

예를 들어, 체급이 다른 선수끼리 복싱 경기를 한다면 어떨까요? 체급이 작은 선수는 제대로 실력 발휘를 하기 어렵겠죠. 그래서 복싱이나 태권도 같은 종목에서는 체급을 나누어 비슷한 신체 조건을 가진 선수들끼리 겨루도록 해요. 이렇게 경기의 규칙을 조정하는 것은 모든 선수에게 공정한 경쟁 기회를 주기 위해서예요.

민주주의 사회가 잘 유지되려면, 이렇게 사람마다 다른 상황을 고려해 형평에 맞는 규칙을 정하는 게 중요해요.

모두에게 공정한 길을 찾아 보아요

민주주의에서는 다수의 의견이 중요한 역할을 해요. 청소년 요금제도 많은 사람들이 동의해서 만들어진 제도예요. 그런데 청소년 요금제는 단순히 청소년만을 위한 혜택일까요? 아니면 사회 전체를 위한 공정한 선택일까요?

만약 청소년 요금이 없다면 어떻게 될까요? 영화관, 버스, 지하철처럼 청소년들이 자주 이용하는 공간이 부담스러워져서 문화생활이나 외출 자체를 줄이게 될 수도 있어요. 그 결과, 청소년들은 다양한 경험에서 소외되고, 사회는 젊은 세대의 참여와 활력을 잃게 될지도 몰라요.

그렇다고 무조건 청소년에게 모든 것을 무료로 제공하는 것도 바람직하진 않아요. 그 비용은 누군가가 대신 부담해야 하거든요. 사업자나 세금을 내는 시민들이 과도한 부담을 느낄 수 있고, 시설 유지에 어려움이 생길 수도 있어요.

그래서 중요한 건 '균형'이에요. 청소년의 경제적 상황을 고려하되, 사회 전체가 함께 감당할 수 있는 적절한 수준에서 요금을 정하는 것이죠. 이런 방식은 바로 '공정한 평등', 즉 각자의 처지를 고려해 기회를 나누는 민주주의의 원칙과 맞닿아 있어요.

청소년 요금은 단순한 할인 혜택이 아니에요. 사회가 미래 세대와 경제적 약자를 얼마나 배려하고 있는지를 보여 주는 중요한 기준이죠.

다음에 영화관에서 티켓을 사거나 버스를 탈 때, 청소년 요금을 보며 한 번 더 생각해 보세요. '이 요금이 없다면 어떤 변화가 생길까?' 그리고 '이것이 민주주의와 어떻게 연결될까?' 이런 질문을 스스로 던지다 보면, 우리 모두에게 '공정한 선택'이 어떤 것인지 알아 가게 될 거예요.

우리 동네에서 배우는 지방 자치

우리 동네에서 실천하는 민주 시민의 주인의식

"놀이터 미끄럼틀이 부러졌는데 며칠째 안 고쳐져요!"

"우리 집 앞 도로에 구멍이 생겨서 자전거 타다 넘어진 적도 있어요."

"횡단보도가 멀어서 위험하게 도로를 건너야 해요."

혹시 여러분은 동네에서 이런 문제를 겪어 본 적 있나요? 어떤 친구는 이렇게 말할지도 몰라요.

"그건 어른들이 알아서 할 문제잖아요. 우리가 뭘 할 수 있다고요?"

그런데 조금만 생각해 보면, 이런 문제들은 우리가 매일 지나다니는 동네에서 일어나는 일이고, 가장 먼저 불편을 느끼는 사람도 바로 우리예요. 놀이터에서 친구들과 신나게 놀고 싶은데 미끄럼틀이 망가져 있다면, 정말 속상하겠죠? 그런데 그 문제를 해결하려면 누가 움직여야 할까요? 우리 동네에서 일어나는 문제일수록 우리가 먼저 관심을 가져야 해요.

어느 초등학교에서는 학교 앞에 신호등이 없어서 위험하다는 의견을 학급회의에서 모았대요. 학생들은 그 의견을 학교에 전달했고, 학교는 신호등 설치를 주민센터와 구청에 정식으로 요청했어요. 얼마 후, 학교 앞에 신호등이 설치되었고, 등하굣길이 훨씬 안전해졌어요!

이처럼 동네의 문제는 어른들만이 아니라, 그 안에 사는 모든 사람의 일이에요. 특히 아이들의 의견은 때로 가장 정확하고, 또 중요한 목소리가 되기도 하죠.

우리 동네 일은 우리가 해결해요

그럼 또 궁금해질 수도 있어요.

"왜 우리 동네 일은 정부가 다 해결해 주지 않을까요?"

그건 우리나라가 아주 넓고, 도시마다 상황이 다르기 때문이에요. 바닷가 마을, 산골 마을, 도심 지역 등, 각 지역이 가진 특징도 다르고, 필요한 것도 달라요. 예를 들어 눈이 많이 오는 동네에서는 제설 작업이 제일 중요하고, 공원이 부족한 동네에서는 쉴 공간을 만드는 일이 더 급할 수 있어요.

이렇게 지역마다 필요한 일이 다르기 때문에, 그 동네에 사는 사람들이 직접 문제를 해결하고, 지역의 일을 스스로 결정하는 제도가 필요해요. 그게 바로 '지방자치'예요.

'자치(自治)'라는 건 '자기 일을 스스로 다스림'을 뜻해요. 그러니까 한 지방의 일은 그 지방 스스로가 다스린다는 게 지방자치인 거죠. 마치 우리 집에서 벌어지는 일은 우리 가족들이 해결하는 것과 같이요.

'지방자치'에서는 주민들이 지역의 대표자(시장, 구청장, 시의원 등)를 뽑고, 그 대표자들이 지역의 문제를 해결하도록 맡겨요. 주민들은 의견을 전달하고, 대표자는 그 의견을 바탕으로 정책을 만들고 실행하는 것이죠.

이렇게 만들어진 지역의 조직을 '지방자치단체'라고 해요. 그리고 이 모든 과정이 민주주의에 기반하니까, 지방자치는 '풀뿌리 민주주의'라고도 불려요. 풀뿌리가 튼튼해야 식물이 잘 자라는 것처럼, 지역 주민 한 사람 한 사람의 참여가 민주주의의 뿌리가 되는 거예요.

동네는 한 나라의 축소판이에요

나라의 주인이 국민이듯, 지역의 주인은 주민이에요. 한 나라에 행정부와 국회의원, 대통령이 있듯이, 한 지역에도 주민들의 권리를 위해 일하는 지방자치단체가 있어요.

지방자치단체는 광역자치단체와 기초자치단체, 이렇게 두 가지로 나뉘어요. 광역자치단체는 넓은 지역을 담당하는 단위예요. 특별시, 광역시, 도가 이에 해당해요. 서울특별시, 부산광역시, 인천광역시, 경기도, 전라남도 같은 곳이 바로 광역자치단체예요. 한편, 기초자치단체는 광역자치단체 안에 있는 더 작은 행정구역이에요. 예를 들어, 서울특별시에는 강남구, 송파구 같은 자치구가 있고, 도에는 시나 군이 있어요.

그렇다면 왜 이렇게 나누어 놓았을까요? 이유는 간단해요. 각 지역에 맞는 정책을 세밀하게 시행하기 위해서예요. 서울과 작은 시골 마을은 환경도 다르고, 필요한 것도 다르죠. 그래서 각 지역에 적합한 정책을 펼칠 수 있도록 광역자치단체와 기초자치단체로 나눈 거예요.

지방자치제에서 중요한 또 하나의 요소는 지방선거예요. 우리가 사는 지역을 더 좋은 곳으로 만들기 위해 4년마다 시장, 군수, 구청장 같은 대표자와 지방의원을 직접 뽑아요. 시장, 군수, 구청장은 지역을 운영하는 중요한 역할을 맡고, 지방의원들은 지역의 크고 작은 문제를 논의하고 해결 방법을 찾아요.

하지만 지방자치는 단순히 선거로 대표자를 뽑는 것에서 끝나지 않아요. 우리 동네의 문제를 해결하는 데에는 주민들의 직접적인 참여도 중요해요. 지역에서 일어나는 문제를 주민들이 스스로 고민하고 해결하려는 노력이 필요하니까요.

이렇게 주민들이 적극적으로 참여해 지역을 더 나은 곳으로 만들어 가는 것을 '주민자치'라고 해요. 지방자치가 시장이나 군수 같은 대표자가 지역을 운영하는 것이라면, 주민자치는 지역 주민들이 직접 문제를 해결하는 것이에요.

예를 들어, 동네에 쓰레기 문제가 심각하다면 주민들이 모여 해결 방법을 고민하고, 의견을 지방자치단체에 전달할 수 있어요. 주민들이 학교 앞에 횡단보도가 부족해 위험하다고 직접 건의하면 지방자치단체에서 이에 맞는 교통 정책을 만들 수 있어요. 이처럼 주민자치는 단순히 불편한 점을 이야기하는 것에서 끝나는 것이 아니에요. 우리가 직접 의견을 모으고 해결책을 찾아 지방자치단체에 제안하면, 실제 정책에 반영될 수도 있어요.

지방자치와 주민자치는 국민자치라는 민주주의의 뜻을 실현하는 방법이면서, 우리가 사는 동네를 더 살기 좋은 곳으로 만들기 위해 꼭 필요한 과정이에요. 어떤 사람들은 '내가 참여한다고 해서 달라질까?'라고 생각할 수도 있어요. 하지만 지금 당장 변하는 게 없더라도, 같은 의견이 여럿 모이면 우리 동네를 더 좋은 곳으로 만들 방법이 생긴다는 걸 기억해야 해요.

먼저 내가 사는 동네에 관심을 가지고 어떤 점이 나아져야 할지 생각해 보는 건 어떨까요? 이런 생각을 친구들과 나누고 어른들에게 건의해 보는 것도 좋을 거예요. 우리 동네를 바꾸는 일, 여러분도 할 수 있어요.

오늘 학급회의에서는 우리 생활 속에서 민주주의를 실천할 수 있는 방법을 알아보겠습니다.
국민청원처럼 우리 반을 위한 건의 사항을 적어 넣을 수 있는 박스를 만들어 놓는 건 어떨까요?
좋아요. 친구들에게 바라는 점이 뭔지도 적어 넣어요!
찬성이요.
그러려면 가장 먼저 뭐가 필요할까요? 제안해 보실 분?
누가 열어 볼 건지도요.
박스를 어떻게 만들지도...
며칠에 한 번 열어 볼지 정해야 하지 않나요?
쿵쾅!
부스럭
슥슥
헉-
이, 이미 만들고 계셔..
쿵쾅
슥슥
룰루랄라~

조금 더 알아보자, 민주주의

민주주의 사회에서 리더는 어떤 모습이어야 할까요?

여러분은 반장을 뽑을 때 어떤 친구를 선택하나요? 공부를 잘 하는 친구일 수도 있고, 주변 사람을 잘 도와주는 친구일 수도 있어요. 반장이 되면 책임감 있게 행동하고, 친구들을 먼저 생각해야 해요. 만약 반장이 자기만 편하려고 하면 친구들의 믿음을 잃을 수도 있겠죠. 이처럼 높은 자리에는 더 큰 책임이 따라요.

사회에서도 마찬가지예요. 나라를 이끄는 지위에 있거나 많은 재산을 가진 사람은 더 큰 책임감을 가져야 해요. 이런 책임을 '노블레스 오블리주'라고 해요. 옛날 로마 시대에는 노블레스 오블리주 정신에 따라 왕이나 귀족들이 전쟁이 나면 앞장서서 싸우고, 백성을 위해 재산을 나누곤 했어요.

우리나라에도 이런 마음을 실천한 사람들이 있어요. 그 대표적인 예가 유한양행을 만든 유일한 박사예요. 그는 일제강점기 때 국

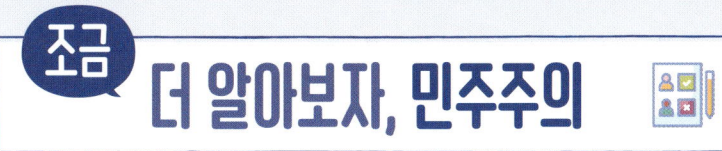

민 건강을 위해 회사를 만들었고, 돈을 버는 일보다는 나라를 위해 어떤 일을 하면 좋을지를 먼저 생각했어요. 자신의 주식을 학교에 기부하고, 아들에게도 큰돈을 물려주는 대신 스스로 길을 찾으라고 유언했지요.

우리 모두가 잘 아는 세종대왕도 노블리스 오블리제를 실천한 왕이에요. 세종대왕은 어려운 한자를 몰라 힘들어하는 백성을 위해 누구나 쉽게 배울 수 있는 글자 '훈민정음'을 만들었지요. 또 농사짓는 사람들을 위해 달력을 만들고, 병든 백성을 돕기 위한 의학서도 편찬했어요.

이처럼 높은 자리에 있는 사람이 누구보다 앞장서서 법과 도덕을 지키고, 다른 사람을 위해 헌신하는 마음을 지니고 실천한다면 진짜 존경받는 리더가 될 수 있어요. 여러분은 나중에 중요한 자리에 오르게 된다면, 어떤 사람이 되고 싶은가요? 많은 사람에게 좋은 영향을 주는 멋진 리더가 되길 바랄게요!

선생님, 질문 있어요!

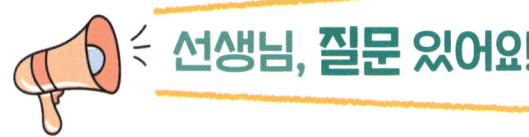

소수자의 권리를 지키는 일이 왜 중요한가요?

사회적 약자, 소수자의 권리를 지키자는 말을 자주 들어요. 맞는 말이라는 건 알겠는데, 소수자의 권리를 지키는 일이 민주주의와 무슨 상관이 있는 거죠?

여러분은 아침에 학교에 갈 때, 어떤 사람들과 마주치나요?

버스나 지하철, 길거리, 마트에서 우리는 다양한 사람들과 스쳐 지나가죠. 모두 비슷해 보이지만, 그중에는 우리가 조금 더 배려해야 할 사회적 소수자가 섞여 있어요.

장애인을 비롯해 열악한 환경에 처한 노인, 외국인 노동자, 경제적으로 어려운 사람들처럼 사회에서 차별을 경험하는 사람들을 '사회적 소수자'라고 해요. 이런 사람들이 더 편하고 안전하게 살아갈 수 있도록 사회가 함께 노력하는 것이 바로 성숙한 민주 사회의 모습이에요.

민주주의는 단지 다수의 의견을 따르는 제도가 아니라, 모든 사람이 존엄한 존재로 대우받아야 한다는 약속이에요.

사회적 약자나 소수자의 권리를 지키는 일은, '누구나 평등해야 한다.'라는 민주주의의 약속을 지키기 위해 꼭 필요한 일이에요. 만약 힘 있는 사람들만 편하게 살고, 약한 사람들은 불편함을 감수해야 한다면, 그건 진짜 민주주의가 아니에요.

우리는 모두 '다수자'가 될 수도 있고, '소수자'가 될 수도 있어요. 예를 들어, 휠체어를 타지 않는 사람은 다수자일 수 있지만, 나이가 들어 다리에 힘이 없어지면 언제든 휠체어를 타게 될 수도 있죠. 또, 외국에 나가서 일을 하게 되면, 나 또한 그 나라의 외국인 노동자가 되는 것이죠. 즉, 누구든 사회적 소수자가 될 수 있다는 점에서, 소수자의 권리를 지키는 일은 곧 나 자신을 지키는 일이기도 해요.

휠체어를 이용하는 사람이 쉽게 이동할 수 있도록 경사로를 설치하면 계단을 이용하던 사람들의 동선이 조금 바뀔 수도 있어요. 하지만 이렇게 내가 작은 불편을 감수함으로써 다른 사람이 큰 불편을 피할 수 있다는 점을 기억한다면, 모두가 더 편안하게 살아갈 수 있는 사회가 되는 거예요.

사회적 약자나 소수자의 입장에서 세상을 바라보지 않으면 그들이 겪는 어려움을 이해하기 어려워요. 그래서 우리는 먼저 한 걸음 다가서서 소수자를 존중하고 배려하는 마음을 가져야 해요.

여러분은 어떤 사회에서 살고 싶나요?

힘센 사람만 편한 사회가 아니라, 서로 도우며 함께 살아가는 따뜻한 사회, 그런 사회를 만드는 것은 바로 우리 모두의 몫이에요.

민주주의 퀴즈

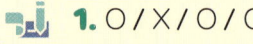

배운 내용을 잘 이해했는지 확인해 볼까요?

1. 다음 설명이 맞으면 ○표, 틀리면 X표를 하세요.

- 학급회의는 민주주의를 실천하는 과정 중 하나이다. (○, X)
- SNS에서는 자유롭게 의견을 표현할 수 있기 때문에, 다른 사람을 비난하는 것도 민주적인 태도이다. (○, X)
- 반장 선거는 단순한 인기 투표가 아니라, 학급을 위해 적절한 리더를 선택하는 과정이다. (○, X)
- 우리 동네를 더 좋게 만드는 일에 관해서 미성년자도 의견을 낼 수 있다. (○, X)

2. SNS에서 민주주의를 실천하는 방법으로 적절한 것은 무엇일까요?

① SNS에 떠도는 정보를 사실 확인 없이 퍼뜨린다.

② 상대방의 의견이 내 생각과 다르면 무조건 비판한다.

③ 친구가 올린 게시글에 장난으로 비꼬는 댓글을 남긴다.

④ 다양한 의견을 존중하고, 상대방을 배려하는 태도로 소통한다.

정답 **1.** ○ / X / ○ / ○ **2.** ④

친구들과 함께해 보는 민주주의 토론

'노인 요금 할인제는 공정한 제도일까?'라는 주제로 친구들이 토론을 하고 있어요. 나와 비슷한 생각을 발표하는 친구를 찾아보아요.

민규

나는 노인 요금 할인제에 찬성이야. 노인분들은 은퇴한 경우가 많고, 돈을 많이 벌지 못하니까 요금을 깎아 주는 건 당연하다고 생각해. 덕분에 문화생활도 누리고, 건강도 챙기실 수 있잖아.

유진

나는 반대야. 나이 드신 분이라 해서 다 돈이 모자란 건 아니잖아. 어떤 분들은 아주 부자인 경우도 있어. 그런 분들까지 할인해 주는 건 불공평하다고 생각해.

가을

나는 둘 다 이해돼. 노인을 도와 드리는 건 중요하지만, 할인해 주는 대신 다른 사람들이 요금을 더 내야 한다면 고민이 필요할 것 같아. 예를 들어 청소년, 장애인도 할인받는데, 누구를 얼마나 배려해야 하는지 기준이 필요하다고 생각해.

승관

하지만 우리가 사는 사회는 함께 어울려 사는 곳이야. 몸이 불편하시거나 경제적으로 어려운 어르신들이 더 많으니까, 사회 전체가 조금씩 도와드리는 건 의미 있는 일이야. 단 한 사람이라도 배려할 수 있다면 그걸로 좋은 거지.

오늘 토론 정말 잘 들었어요. '공정하다'라는 말은 꼭 똑같이 나누는 것만을 의미하지 않아요. 어떤 사람은 더 많이, 어떤 사람은 더 적게 부담하더라도 모두가 함께 살아갈 수 있게 만드는 것, 이런 배려가 바로 민주주의의 힘이랍니다. 앞으로도 우리 사회를 더 따뜻하게 만드는 질문들을 함께 던져 보면 좋겠어요!

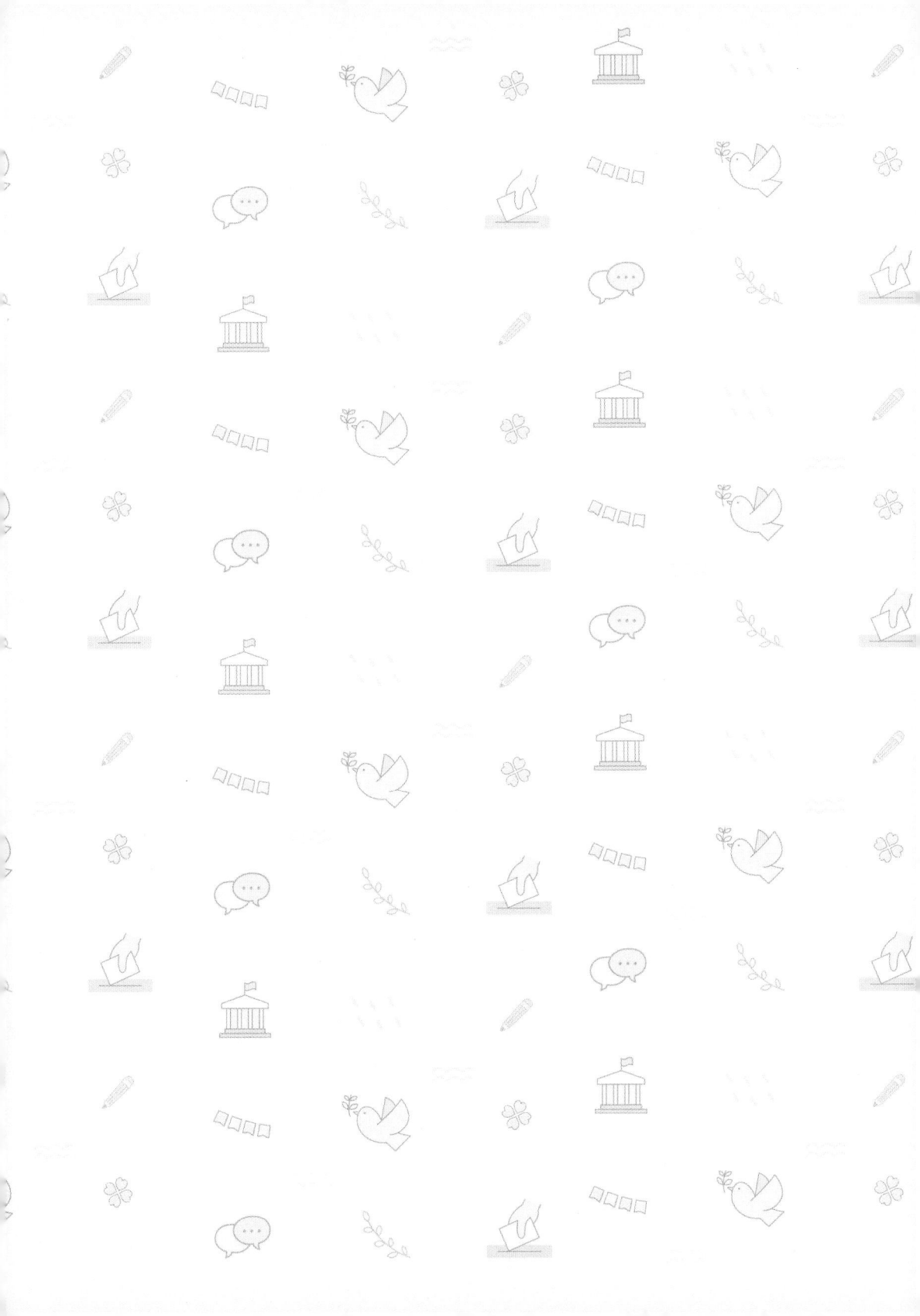